아이들에게
꿈과 진로를 찾아주는

꼬리 물기
독서법

초콜릿처럼 맛있는
책 읽기의 세계로 초대합니다

평소 아이들에게서 가장 좋은 독서법이 무엇인지에 대한 질문을 많이 받습니다. 책을 읽고 싶어도 방법을 잘 모르겠다는 아이와 부모, 책에 선뜻 손이 가지 않고 무슨 책을 어떻게 읽어야 할지 어렵다고 말하는 청소년들, 사고력이나 언어 이해력을 키우고 그 과정에서 진로를 찾는 독서법을 고민하는 학교 선생님들에게 꼬리 물기 독서를 추천합니다.

꼬리 물기 독서란 한 권의 책을 읽은 후 그 책의 주제나 소재와 유사하거나 연결성이 있는 다른 책을 읽어가는 독서법입니다. 또 내가 어떻게 살고 싶은지, 무슨 일을 하고 싶은지 진로를 결정할 때 관심 분야의 책을 연결해서 읽는 방법입니다. 여러 권의 책을 비교하면서 읽는 다독이 될 수도 있고, 단 몇 권의 책을 깊고 꼼꼼하게 읽는 정독이 될 수도 있습니다. 특별한 형식이 있다기보다 책을 연결성 있게 읽는 것이 가장 중요한 핵심입니다.

자신이 관심 있는 분야의 책을 읽기 때문에 훨씬 재미있고 깊이 있게 책을 읽을 수 있습니다. 이 책에는 꼬리 물기 독서의 개념과 방법, 사례 등을 비교적 상세하게 제시했습니다. 청소년들이 자신의 진로나 목표를 고민하면서 힘들어할 때 꼬리 물기 독서는 방향을 잡아주고 길을 안내해줄 수 있는 독서법입니다. 철학, 역사, 문학에서 꼬리 물기 독서를 시작할 때 읽으면 좋은 책들과 연결성 있는 책 읽기로 자신의 꿈에 다가간 다양한 아이들의 실제 사례도 소개했습니다.

책과 점점 멀어지는 아이들을 보며 어떻게 책과 친해지게 해줄 수 있을까 고민하는 부모님이나 불확실한 미래 때문에 힘든 시기를 보내는 청소년들에게 도움이 되는 독서법입니다.

미래를 기회로 만들어주는 꼬리 물기 독서

우리 아이들이 살아갈 미래는 지금과 크게 다를 것입니다. 지금까지 우리가 중요하다고 믿었던 모든 가치가 달라질 수도 있습니다. 중세 이후 사회가 급변하면서 다양한 기회가 찾아왔을 때, 누군가는 그 기회를 잡았지만 누군가는 그렇지 못했습니다. 결국 준비된 사람들, 새로운 세상을 해석할 역량을 갖춘 사람들이 기회를 잡습니다.

미래는 과연 어떤 모습일까요? 아이를 키우는 부모로서 걱정스럽기도 하고 두렵기도 하리라 생각합니다. 사라지는 직업이 있는가 하면 새로 생겨나는 직업도 있다고 하고 인간의 일자리를 기계가 대신할 거라고도 말합니다. 어떤 학자는 미래에는 기계가 생산하는 물질을 소비하는 것이 인간이 하는 유일한 일이 될 거라고 말합니다. 정신을 똑바로 차리고 생각해봐야 합니다. 지금 고소득을 얻는 직업이 과연 그때도 그럴까요? 또 지금처럼 공부만 한다고 미래가 보장될까요?

세상이 급변할 때는 모든 사람에게 세상을 변화시킬 기회가 주어집니다. 위기가 기회가 됩니다. 아이들에게 생각을 키우고 여러 경험을 통해 자신의 길을 스스로 개척해갈 수 있도록 도와주고 어떤 문제에 부딪혔을 때 스스로 문제를 해결할 수 있는 능력을 키워줘야 합니다.

미래사회의 경쟁력은 인재에 달려 있습니다. 부모는 아이들에게 새로운 꿈을 꿀 기회를 제공해야 합니다. 이를 통해 자녀의 인생이 바뀔 수도 있습니다. 그렇게 할 수 있는 가장 좋은 방법이 독서입니다. 책 속에는 미래를 위한 수많은 아이디어가 보물처럼 들어있습니다. 우리는 아이들이 그 보물을 찾아낼 수 있는 시각을 길러줘 스스로 인생의 길을 잘 찾아갈 수 있게 해줘야 합니다.

미래가 불확실한 만큼 아이들은 두려움과 맞서야 합니다. 이때 막연히 두려워할 것이 아니라 책을 읽어보세요. '내가 읽는 것이 내가 된다'라고 합니다. 어떤 미래가 와도 내가 누구인지, 어떻게 살고자 하는지 방향을 잘 잡고 있다면 미래에 대한 두려움은 사라집니다.

책을 좋은 친구처럼 만나 달콤한 인생을 살았으면

책이 처음부터 무조건 좋은 아이가 몇 명이나 될까요? 그래서 책과의 첫 만남이 매우 중요합니다. 내가 도서관에서 주로 하는 고민이기도 합니다.

'어떻게 하면 아이들이 초콜릿처럼 맛있게 책을 읽을 수 있을까?', '게임처럼 재미있고, 친구와 노는 것처럼 신나게 책을 읽게 할 수 있을까?', '처음 누군가를 좋아할 때처럼 설레게 할 수 있을까?'를 생각하고 또 생각합니다. 내가 이 책을 쓰는 가장 큰 이유는 아이들이 책을 좋은 친구처럼 만나서 달콤한 인생을 살았으면 하는 바람에서입니다.

책이라고는 교과서를 보는 게 전부이고 온종일 스마트폰을 끼고 사는 청소년들에게 책을 읽히는 것이 언뜻 불가능하게 느껴지지만, 충분히 가능한 일입니다. 어떤 환경에서 성장하느냐가 중요합니다. 엄마와 아빠는 TV나 스마트폰을 보면서 아이들에게는 책을 읽으라고 하는 것은 과한 욕심입니다.

중국 전국시대의 철학자 순자는 환경의 중요성을 강조했는데, 그는 이렇게 말했습니다.

蓬生麻中不扶自直(봉생마중불부자직)
꾸불꾸불 자라게 마련인 다북쑥도 삼밭에 나면 손을 쓰지 않아도 삼처럼 곧게 자란다.

고마운 사람들이 있습니다.

이 책을 펴내는 데 함께한 리스컴 이진희 사장님과 직원들 그리고 남은영 님 고맙습니다.

항상 내 편이 되어주는 대치도서관 식구들, 언제나 지지를 아끼지 않는 인문독서토론팀과 자녀들의 사례를 모아주고 자신들의 경험을 보태준 김한나, 김현민, 박정민, 임정현, 김민서, 홍동기, 기태관, 이유나에게 고마운 마음을 전합니다. 지금도 연세대학교 로스쿨에서 공부하느라 얼굴 한 번 볼 수 없지만 늘 생각나는 선재, 너무 바빠서 불평할 시간이 없어서 웃고 다닌다는 숙진, 윤미, 의체, 한슬, 혜진 등 대치도서관 사서들, 이 모든 사람에게 말할 수 없을 만큼 감사한 마음을 보냅니다.

마지막으로 괴산에 사는 동생 부부 집에서 원고 작성을 했습니다. 그때 뒷

바라지하느라 고생한 유병임, 이흥철 부부와 오랜 세월 병원에 계시는 어머니, 함께 있는 것만으로도 힘이 되는 현주, 어느새 성장해서 인생 친구가 되어주는 내 딸 민혜, 민주도 고맙습니다. 이들은 제 삶의 원천이며 즐거움입니다.

2019년 12월 대치도서관에서
유순덕

추천사

책에서 느낀 감동과 지식이
조용한 변화를 일으키기를 바랍니다

도서관 업계에 있다 보니 주변 사람들에게 이따금 이런 질문을 받습니다. "독서가 왜 필요한가요?" 그때마다 나는 막연하면서도 진부하게 "책은 마음의 양식이니까요"라고 답을 합니다. 많은 사람들이 독서의 중요성에 대해서는 잘 알지만, 막상 누군가가 물어오면 쉽게 이해시키기가 어렵기 때문입니다.

이 책에서 저자 유순덕 관장님은 이렇게 설명합니다.

"책은 왜 읽어야 할까? 사실 책을 읽고 시간이 조금 지나면 기억나는 내용이 별로 없다. 그냥 그런 책을 읽었다는 사실만 기억할 뿐이다. 그러나 나도 모르게 책을 읽는 동안 느낀 감동, 지식은 내 안에 쌓여 조용한 변화를 일으킨다. (중략) 독서를 통해 한 권 한 권 읽은 내용이 모이고 그 내용이 합쳐져서 지혜를 형성한다. 이렇게 차곡차곡 쌓인 지혜는 자신이 행복할 수 있는 삶의 가치를 찾아주고 또 사회를 바라보는 안목을 키워 부를 쌓을 수 있는 정신적 토대를 만들어준다."

'아 그렇구나'라고 저절로 고개를 끄덕이게 만들어주는 내용을 필두로, 이 책은 지속적인 독서 활동을 유지할 수 있는 멋진 독서법도 함께 제시합니다. 바로 이 책의 제목 그대로 '꼬리 물기 독서법'입니다.

그렇다고 해서 이 책은 그저 단순하게 독서교육을 위한 교과서 같은 해설서는 아닙니다. 시카고 대학의 독서교육 사례부터 도서관 현장에서 아이들과의 실제 독서활동 사례 등이 모두 유익하여 앉은 자리에서 한 번에 재미있게 읽히는 책입니다. 읽고 나서 아이들을 훈육할 좋은 독서법을 배웠다는 느낌과 함께 어른인 나에게도 올바른 독서법에 대해서 다시 한번 생각하게 하는 책이었습니다.

좋은 저자가 쓴 좋은 책을 통해 좋은 독자가 많아졌으면 하는 바람으로 이 책을 적극 추천합니다.

남영준
한국도서관협회장, 중앙대학교 문헌정보학과 교수

차 례

 1장 **책과 친해져야 하는 이유**

2장 꿈과 진로를 찾아주는 꼬리 물기 독서법

4장 책 속에서 길을 찾은 아이들

부록 1 꼬리 물기 독서 사례

부록 2 시카고 플랜 인문학 리스트

1장

책과 친해져야 하는 이유

독서는 우리를 자라게 한다. 한 권 한 권 읽은 내용이 모이고 그 내용이 합쳐져서 지혜를 형성한다. 이렇게 차곡차곡 쌓인 지혜는 자신이 행복할 수 있는 삶의 가치를 찾아주고 사회를 바라보는 안목을 키워 부를 쌓을 수 있는 정신적 토대를 만들어준다.

꿈이 작아진
아이들

요즘 아이들에게 꿈이 무엇이냐고 물어보면 대뜸 돈을 많이 벌고 싶다고 말한다. 돈을 많이 벌어서 건물주가 되는 것이 아이들 꿈인 세상이다. 예전에는 링컨 같은 훌륭한 대통령이 되고 싶다거나, 에디슨이나 아인슈타인 같은 과학자가 되어 세상을 변화시키는 데 기여하고 싶다는 아이들이 많았다. 나이팅게일 같은 간호사나 슈바이처 같은 의사가 되어 사람들의 병을 고쳐주고 싶다는 꿈을 품기도 했다. 대부분 사회를 위해 뭔가를 하고 싶다거나 인류애를 펼치고 싶다는 큰 꿈을 갖고 있었다.

안타깝게도 요즘 아이들은 지극히 개인적 행복에만 초점을 맞춘 듯하다. 왜 이렇게 아이들의 꿈이 확장되지 않고 꿈의 크기가 오히려 줄어들었을까? 그동안 우리 사회에 무슨 일이 일어난 걸까? 아이들의 꿈이 물질적 부에만 집중된 이유가 대체 무엇인지 우리 모두 고민해봐야 할 때다.

어느 날 도서관에 자주 오시는 주부 한 분이 나를 찾아오셨다.

"아들 때문에 걱정이에요."

한껏 어두운 얼굴로 말씀하시기에 나는 무거운 분위기도 좀 풀어줄 겸 해서 "여기 대치동이 어차피 자식들 때문에 걱정이 많은 사람이 모여 사는 곳 아닌가요?" 하면서 웃었다. 그런데 어머니 얼굴은 더욱 굳어졌다.

"우리 아들이 서울대를 가고 싶다는데 점수가 많이 부족해요."

"그럼 아들과 얘기해보시지 그래요?"

"해봤어요. 그런데 말도 안 하고 화만 내요."

"아들이 왜 서울대를 가고 싶어 하는지, 이유가 뭔지 알아보셨어요?"

"돈을 많이 벌고 싶어서래요."

"단순히 돈을 많이 벌고 싶어서는 아닐 거예요. 특별히 하고 싶은 게 따로 있지 않을까요?"

"그냥 돈을 많이 벌어서 여행을 다니면서 살고 싶대요."

"그렇다면 다른 방법도 있을 텐데, 굳이 서울대를 고집할까요?"

"다른 친구들도 간다니까 자신도 가야 한다고 생각하는 것 같아요."

"아, 그렇군요. 아들은 대치동에서 공부하는 사람은 무조건 대학은 SKY 정도는 가줘야 한다는 강박관념이 있나 보네요."

"어떻게 해야 할지 모르겠어요."

"어머니, 아들이 돈을 많이 벌기 위해서 서울대를 가고 싶은 게 아니라 자신이 뭘 하고 싶은지 몰라 당황스러서 화가 나는 게 아닐까요?"

"그런데 아이한테 어떻게 말을 해줘야 할지 모르겠어요. 그래서 너무 답답해요."

부자가 되면
행복할까?

　돈이 지상 최고의 가치인 양 사회 풍조가 흘러가다 보니 아이들도 그저 돈이 최고라고 생각한다. 어른은 아이의 거울이라는데 아마도 이 사회가 아이들에게 삶의 올바른 방향성을 제시하지 못했기 때문이리라. 우리가 추구해야 할 다양한 가치가 있고 삶의 길이 있다는 사실을 제시하지 못하고, 공부해서 명문대학을 가고 대기업에 취업하는 것만이 성공한 인생이라는 잘못된 가치관을 심어준 것은 아닐까. 과연 부자가 되기만 하면 행복해지는 걸까?

　우리는 자주 부와 권력을 지닌 사람들이 문제를 일으키는 것을 목격한다. 재벌 3세나 정치인의 자녀가 마약, 폭력, 음주운전 등 일탈된 행동으로 매일 뉴스의 일면을 장식한다. 그들은 아마 평생 일하지 않고 놀아도 돈 때문에 걱정할 필요가 없는 사람들일 것이다. 그런 그들을 보고 태어날 때부터 금수저를 물고 나왔다고 부러워하는 사람들도 많다.

　그런데 돈을 많이 가지는 것이 행복으로 가는 프리패스라면, 왜 그들은 극단적인 쾌락에 탐닉하고 우울증에 걸려 폐인이 되기도 하는 것일까? 답은 간단하다. 돈은 삶의 목적이 아니라 수단일 뿐이기 때문이다. 돈을 많이 벌어서 어떻게 살 것인지에 대한 사유가 필요하지만 다들 돈을 많이 벌겠다는 목적에만 매몰되어 있다.

　세계에서 부자가 가장 많은 나라가 미국이다. 그런가 하면 거대한 땅덩어리에 사회 곳곳이 병들어있는 곳도 미국이다. 미국에서는 하루가 멀다고 총기사고가 일어난다. 전쟁이 일어난 것도 아닌데 총기사고가 끊이지 않고 이유도 모른 채 무고한 사람들이 목숨을 잃는 나라, 대도시 도심에서는 약물 중독자와 거지가 활보하고 약물중독으로 인한 범죄가 사회문제가 된 나라, 아직도 인종갈등으로 인한 폭동이 발생하고 빈부격차와 계층갈등 같은 사회 부조리가 만연한 나라. 그런 나라가 어떻게 세계를 움직이는 나라로 존재할까? 그 힘은 미국을 이끄는 인물들에서 찾을 수 있다. 미국이라는 거대한 사회를 기둥처럼 떠받치는 리더들의 노블레스 오블리주가 오늘의 미국을 만들지 않았나 싶다.

한 나라를 알고 싶으면 그 나라의 역사를 보라고 했다. 길지 않은 미국사를 살펴보면 특이점이 발견된다. 초등학교밖에 나오지 않았지만 미국 역사상 가장 존경받는 대통령으로 꼽히는 링컨부터, 최고의 부를 이룬 철강왕 카네기까지 꼭 따라다니는 말이 있다. 그들에게는 공통적으로 "독서를 많이 했다"라는 수식어가 붙는다. 독서가 이들의 노블레스 오블리주를 견고히 한 배경이 아닐까 짐작된다.

이들뿐 아니라 현재 미국을 이끄는 대표적인 기업가와 자산가, 사회 저명인사 중에도 독서가가 많다. 그 사회를 대표하는 지도자들이 책을 읽고 있다. 책을 읽으며 자신이 속한 사회를 이해하고 공동체 의식을 강화하며 사회적 책임 의식을 키운다. 그들은 자신들이 가진 부를 자신과 가족만을 위해 쓰지 않는다. 부자들에 대한 사회 인식이 우리와는 많이 다른 이유다. 미국 사회에서 존경받는 인물은 돈을 많이 가진 사람이 아니라 돈을 현명하게 쓸 줄 아는 사람이다. 지역과 국가, 나아가 인류를 위해 자신의 부를 나누고 사회에 환원할 줄 아는 사람이 많은 사람들로부터 존경을 받는다.

돈은
목표가 아닌 수단

몇 년 전 세상을 떠난 스티브 잡스의 이야기를 해보자. 그는 자타가 인정하는 '세상을 바꾼 천재'로 꼽힌다. 하지만 존경받는 인물로 꼽히지는 않는다. 그가 세상에 기여한 부분은 인정하면서도 그를 비난하는 분위기가 있다. 스티브 잡스가 엄청난 재산을 갖고도 생전에 기부를 많이 하지 않았다는 이유다.

미국의 자산가 중에는 자신의 재산 대부분을 사회에 환원한 이들이 많다. 우리가 잘 아는 인물들로는 소셜네트워크서비스 '페이스북'의 창립자 마크 저커버그, 마이크로소프트 창업자 빌 게이츠, 버크셔해서웨이 회장인 워런 버핏이다. 특히 마크 저커버그는 재산의 절반 이상을 기부하겠다는 '기부서약 캠페인The Giving Pledge'에 따라 현재 자기 보유재산의 절반을 기부하겠다고 서약한 뒤에 이런 말을 했다고 한다. "인생의 좀 더 이른 시기에 재산을 환원하고, 자선 활동에 쓰이는 효과를 직접 볼 수 있게 되어 기쁘다."

19세기 사업가 철강왕 앤드루 카네기는 "부자인 채 죽는 것은 부끄러운 일"이라며, 자신의 철강회사를 처분하고 기부자가 되었다. 영화배우 레오나르도 디카프리오는 아마존 밀림의 화재 진압을 위해 거액의 후원금을 내놓아 화제가 되었다. 그가 세계의 환경운동에 관심이 많다는 사실은 잘 알려져 있다.

서양에서는 부자들이 자신들이 가진 부를 자손에게 유산으로 물려주기보다는 사회로 환원해 그 혜택을 사회적 약자를 위해 쓰거나, 더 많은 사람들이 공공의 혜택을 누릴 수 있게 하는 것을 후손에게 남겨줄 정신적 유산으로 생각한다. 정당한 방법으로 거액의 돈을 모은 부자들을 사회가 존경하고, 또 그 부자들은 자신의 부가 결국 사회로부터 나왔다는 점을 인식하고 책임을 느껴 다시 환원하는 선순환 구조가 자리를 잡은 것이다.

부의 사회 환원은 공동체 의식에 기반하는 바가 크다. 어렸을 때부터 자연스럽게 봉사활동을 경험하면서 자신이 속한 사회에 대해 책임의식을 키우고 독서를 중요한 가치로 여기는 교육의 효과도 크다.

이렇듯 단순히 부자가 되는 것만을 목표로 둔다면 오히려 돈이 불행의 씨앗이 될 확률이 높다. 부자가 되는 것은 무언가 소중한 가치를 이루기 위한 도구이지 그 자체가 목적이 될 수는 없다. 그렇다면 아이가 자존감을 높이고 그런 소중한 가치를 형성할 수 있게 돕는 방법은 무엇일까. 두말할 것도 없이 바로 독서다.

자존감 살리는
독서

3년 전에 있었던 일이다. 우리나라 최고의 유치원과 초·중학교를 졸업하고 2년간 캐나다 유학을 다녀온 뒤 외국어 고등학교에 다니던 학생이 나를 찾아왔다. 재능기부로 학생들에게 영어를 가르치고 싶다는 것이었다. 물론 대학 갈 때 필요한 스펙을 쌓기 위해서였겠지만 나는 나쁘다고 생각하지 않았다. 동기가 순수하지는 못하더라도 어떤 이유로든 봉사하겠다고 나선 것만으로도 충분하다고 생각해 기꺼이 받아들였다.

"선생님, 인터넷에서도 꿈을 찾을 수가 없어요"

그런데 봉사를 하는 정원이의 태도가 조금 이상했다. 아이들을 대할 때나 가르칠 때 의욕이 하나도 없어 보였다. 영어를 배우려고 모인 어린아이들에게 관심을 두지 않고 뭔가를 하라고 시킨 채 그저 혼자서 책을 읽기 일쑤였다. 참여하는 아이들도 점점 흥미를 잃었고 재미가 없으니 그 시간을 유지하기가 힘들어졌다. 보다 못한 나는 정원이를 불러 물어보았다.

"정원아, 너는 꿈이 뭐야?"

"네? 저는 그런 거 생각 안 해봤어요."

"그런데 왜 그렇게 열심히 공부해?"

"좋은 대학에 가야 하니까요."

"좋은 대학을 가고, 좋은 직장에 들어간 다음에는 어떻게 할 거야?"

"모르겠어요."

"그럼 어떤 사람으로 어떻게 살고 싶은지는 생각해봤니?"

"아니요, 너무 바빠서요."

"그럼 한번 생각해볼래?"

"왜요?"

"네 인생이니까."

"네, 한번 생각해볼게요."

그날의 대화는 이렇게 끝이 났다. 그런데 왠지 가슴이 답답하고 안타까운 마음이 들었다. 책을 한 권 추천해줘야겠다는 생각이 들어 로이스 로우리의 작품 『The giver』를 한번 읽어보라고 권했다. 우리나라에는 『기억 전달자』라는 제목으로 번역이 되었으며, 영화로도 만들어져 많이 알려진 책이다.

당연히 정원이도 읽어봤다고 했다. 그래도 다시 한번 천천히 읽기를 권했다. 이유가 있었다. 모두가 똑같이 행복한 삶을 살 수 있도록 모든 게 주어지지만, 자유만은 통제되는 유토피아 사회를 그린 책 내용이 왠지 정원이가 지금껏 살아온 시간과 겹쳐졌기 때문이다.

아주 어릴 때부터 엘리트 코스라고 생각하며 살아온 정원이의 인생이 그런 게 아니었을까? 너무나 풍족하고 화려해 보이는 그 아이는 스스로 한 선택은 하나도 없이 누군가가 일러주는 삶을 아무 고민 없이 살아왔을 것이다. 그래서 모든 것에 무기력하게 반응하는 것은 아닐까 싶었다. 내가 선택해서 하는 일과 누군가 시켜서 하는 일은 그 일을 대하는 태도나 결과에서 차이가 날 수밖에 없다. 시켜서 하는 일에 가슴이 뛸 수는 없는 법이다.

일주일 뒤 다시 만난 정원이는 뭔가 달라진 것 같았다.

"정원아, 책 읽어봤어?"

"네, 읽었어요."

더는 묻지 않았다. 그 내용이 어땠는지, 생각에 어떤 변화가 있었는지 굳이 물어볼 필요가 없었다. 그저 소슬바람처럼 작은 변화가 기분 좋게 느껴졌을 뿐이다. 불현듯 정원이의 마음이 궁금해졌다.

"정원아, 어떻게 살고 싶은지 생각해봤어?"

"그게 너무 어려워요."

"어떤 점이?"

"꿈이요. 그래서 네이버에 물어봤어요."

"뭐라고, 하하하."

"그런데도 모르겠어요, 한 번도 내 꿈에 대해서 진지하게 생각해본 적이 없었어요."

"아, 너는 그런 걸 생각할 필요가 없었구나."

"네, 엄마가 결정하시면 저는 그냥 따라가면 됐어요."

"그럼, 정원아, 이제부터는 네가 어떤 사람으로, 어떻게 살고 싶은지 생각해볼래? 네 인생이잖아."

"네, 선생님."

놀랍게도 그렇게 시작한 정원이의 꿈 찾기는 그 아이의 인생을 바꿨다. 인생의 변화는 그렇게 사소한 데서 시작되었다. 스스로 자신이 살고 싶은 삶의 목표를 세운 뒤 아이는 너무나 밝아졌고, 적극적으로 변화했다.

정원이 어머니가 어느 날 도서관으로 나를 찾아왔다. 연신 감사하다는 말을 하면서 정원이가 선생님과 자주 만나서 이야기를 하더니 정말 많이 변했다고, 전에는 집에 오면 자기 방에 들어가서 나오지도 않고 뭘 물어봐도 대답도 거의 안 하던 아이가 너무 달라졌다면서 꼭 밥을 사고 싶다고 했다. 마음이 뭉클했다.

사실 정원이에게는 자존감, 즉 자신을 귀하게 생각하는 마음이 없었다. 그저 주어지는 대로 아니, 시키는 대로 인형처럼 살아서인지 특별히 재미있는 것도 없었다. 그러나 이제 그 아이는 자신이 하고 싶은 게 생겼고, 삶의 목표가 세워졌다. 그러니 신나지 않을 수가 없다.

정원이는 지금 대학생이 되었다. 자신은 언어에 강한 편인데, 이를 잘 살려 사람들을 도와주는 일을 하고 싶다고 했다. 아직은 구체적으로 무엇을 할지 모르지만, 열심히 공부도 하고 사람들과 소통도 하면서 국제기구 같은 곳에서 나라를 위해서 일하고 싶다고 한다. 이 아이를 이렇게 바꾼 것은 한 권의 책이었다. 책을 통해 자존감을 찾은 그 친구를 나는 지금도 만나면 장난을

친다.

"아직도 너의 꿈을 녹색 창에 물어보는 건 아니지?" 그러면 그 아이는 싱긋 웃으며 말한다.

"지금은 선생님께 물어요. 하하."

철학을 만나 인생이 바뀐 베스트셀러 작가

우연히 만난 책을 통해 인생이 바뀐 경험을 한 작가가 있다. 『지적 대화를 위한 넓고 얇은 지식』의 저자 채사장이다. 그는 '지서재, 지금의 나를 만든 서재' 인터뷰에서 이렇게 말했다.

왜 그런 학생이 있잖아요. 공부를 잘하는 것도 아니고, 잘 노는 것도 아닌 학생들이요. 중고등학교 때 제가 딱 그런 아이였어요. 영혼이 빠져나가는 걸 붙잡고 있던 아이. 무기력했죠. 만약 다시 그 시절로 돌아간다면? 글쎄요. 지금 제가 알고 있는 걸 가진 채로 돌아간다면 도망칠 것 같아요. 어릴 때는 개근상, 우등상, 칭찬받는 게 중요하다고 생각하는데, 30~40대가 된 지금은 알잖아요. 그런 건 중요하지 않다는 사실을요. 그것보다는 내가 그 자리에서 행복한가, 내가 하고자 하는 것을 할 수 있는가를 생각하고, 타인의 시선에서 벗어나는 것이 더 의미 있죠. 그게 어른이 되는 과정이라고 생각합니다.

그러던 그가 어떻게 최고의 베스트셀러 작가가 되었을까. 그는 철학을 만나면서 인생이 달라지기 시작했다고 말한다. 언젠가 도서관 연말 행사에 채사장을 초청하여 강연을 직접 들었다. 그는 정말 특별할 것 없이 고등학교를 졸업하고 문학이 유일한 희망이란 생각으로 대학을 국문학과로 갔다고 한다. 정작 대학에 가서는 문학보다는 철학에 빠졌다. 그 이유는 자신에 대한 궁금증 때문이었다.

그는 "난 누구지?", "난 지금 무엇을 하고 있지?" 같은 인간으로서 본질적인 고민에 빠져서 그 답을 찾고 싶었다. 그때 철학을 만나서 세상엔 내가 눈으로 보는 세계가 진짜라고 믿는 사람들도 있지만, 이 모든 것이 허구는 아닐까 의심하는 사람들도 있다는 것을 깨달았다고 고백한다.

그렇게 철학을 만난 채사장은 인생이 달라졌다. 수많은 철학책을 읽은 그는 2017년 최고의 베스트셀러 『지적 대화를 위한 넓고 얕은 지식』을 출간하여 인기 작가가 되었다. 이 책은 2017년 서울시 공공도서관 인문학 부문 대출 1위를 기록하기도 했다. 때로는 너무나 우연한 계기로 인생이 바뀔 수 있다. 채사장이 철학을 만나 자신의 자존감을 찾고 작가로서 삶을 사는 것처럼 말이다.

존재감 없던 아이의 변화

나 또한 채사장과 비슷한 경험이 있다. 나는 어린 시절 존재감이라곤 전혀 없는 아이였다. 적어도 중학교를 들어가기 전까지는 그랬다. 크게 말썽을 일으키지도 않았고 뭔가 잘하는 것도 없었다. 무언가 특별히 하고 싶은 일도 없었는데, 집안에서도 다행히 나에게 크게 기대를 걸지 않았다. 다른 형제가 공부를 잘했기 때문에 굳이 나까지 공부를 잘해야 할 이유도 없었다. 그러던 나에게 꿈이란 걸 생각하게 해준 것은 바로 중학교 때 만난 학교 도서관이었다. 우연히 발견한 도서관에서 책을 만나면서 새로운 세상을 만났다.

처음 읽은 책이 헤밍웨이의 『누구를 위하여 종을 울리나』였다. 이 소설은 스페인 내전을 모티브로 쓰였는데, 사춘기 소녀였던 나에게는 너무나 애절한 로맨스로 다가왔다. 그게 시작이었다. 친구들과 노는 것보다 훨씬 재미있는 세상이 있다는 사실을 알았다. 나는 조금씩 책 속에 나오는 주인공처럼 되고 싶다고 공상했다. 그것만으로도 괜히 우쭐한 자신감이 생겼다.

지금 생각하면 피식 웃음이 나오는 일이지만 그때는 좋았다. 자신감이 생기니까 공부도 잘할 수 있을 것 같았다. 아마도 그것이 계기가 되어 지금도 서가에 있는 책만 보고 있어도 마음이 설렌다. 빌 게이츠가 오늘의 자신을 있게 한 것은 마을 도서관이라고 했던가. 나에게는 학교 도서관이 그랬다.

책은 왜 읽어야 할까? 사실 책을 읽고 시간이 조금 지나면 기억나는 내용이 별로 없다. 그냥 그런 책을 읽었다는 사실만 기억할 뿐이다. 그러나 나도 모르게 책을 읽는 동안 느낀 감동, 지식은 내 안에 쌓여 조용한 변화를 일으킨다. 『학문의 즐거움』을 쓴 히로나카 헤이스케는 "책을 읽고 공부하면 우리 눈에는 보이지 않지만 지혜가 쌓인다"라고 말한다. 그런데 책을 많이 읽으면 정말 지혜가 쌓이는 걸까?

내 삶의 가치를
찾는 법

우리가 날마다 먹는 밥과 반찬은 생활에 필요한 에너지로 모두 소비되는 것 같지만, 나도 모르는 사이에 우리의 몸을 자라게 한다. 마찬가지로 독서도 한 권 한 권 읽은 내용이 모이고, 그 내용이 합쳐져서 지혜를 형성한다. 이렇게 차곡차곡 쌓인 지혜는 자신이 행복할 수 있는 삶의 가치를 찾아주고 또 사회를 바라보는 안목을 키워 부를 쌓을 수 있는 정신적 토대를 만들어 준다.

독서습관으로 부자가 되거나 성공한 인물을 찾는 것은 어렵지 않다. 특히 짧은 역사에도 미국이 지금처럼 부강한 나라가 된 바탕에는 독서가 중요한 역할을 했다. 현재 미국 경제에 상당한 영향력을 행사하는 자산가 중에는 독서가들이 많다. 또한 근대 미국을 이끈 인물 중에 링컨 대통령을 필두로 철강왕 앤드루 카네기, 프랭클린 루스벨트 대통령까지 책 읽기를 좋아한 인물이 상당하다. 특히 앤드루 카네기의 독서 이력은 독서가 그를 부자로 이끌었다는 그 이상의 의미를 전해준다.

앤드루 카네기가
지금도 존경받는 이유

카네기는 미국 역사상 가장 뛰어난 기업가이자, 위대한 자선사업가이다. 2015년 뉴욕 여행 중에 뉴욕 공공도서관을 방문했을 때, 거기서 카네기가 공공도서관을 지을 수 있는 기초자금을 후원했다는 사실을 들었다. 도서관에 근무하는 사람이라면 누구나 도서관 건립에 관심을 가질 수밖에 없다. 뉴욕 공공도서관은 그 규모가 내가 현재 근무하는 도서관과 비교할 수 없을 만큼 거대하다. 공간 구성이나 장서 면에서 미국의 관광명소로 자리 잡았다.

여행에서 돌아온 즉시 카네기 자서전을 읽어보았다. 카네기의 일생에 독서가 끼친 영향과 그로 인해 많은 돈을 공공도서관을 건립하는 자금으로 후원한 이유를 잘 알 수 있었다. 2018년 영화 「뉴욕 라이브러리」의 무대가 되기도 한 곳이 뉴욕 공공도서관이다.

앤드루 카네기 집안은 스코틀랜드 출신으로 1848년에 가족들이 미국 펜실베이니아주 앨러게니로 이주했다. 카네기는 어린 시절 가난했기 때문에 어릴 때부터 여러 일을 전전하다가 펜실베이니아 철도회사에 입사했다. 이후 카네기는 회사에서의 경험을 살려 철강회사를 설립하고 성공을 거두었다. 이때까지만 하더라도 초기 산업사회 시대로 지금보다 훨씬 기회가 많았던 시대다. 그는 사업에서 성공을 거둔 후, 교육과 문화 부문에 많은 기부를 했다.

카네기는 지금도 미국인이 가장 존경하는 자선사업가다. 또한 자신의 성공철학에 기초한 성공프로그램 개발을 의뢰하여 후세에 기업을 경영하려는 사람들을 위해 도움이 되고자 하였다.

카네기가 한 말 중 유명한 말이 있다.

"부는 신에게서 위탁받은 것이다."

"남다른 미래를 원한다면 남다른 오늘을 살아라!"

카네기는 사업이 한창 호황을 누릴 때, 갑자기 자신의 모든 사업을 정리하고 자선사업가로서 제2의 인생을 시작했다. 그의 사상 저변에 있던 것은 '부는 신에게서 위탁받은 것'이라는 생각이다. 신에게서 위탁받았으니 모든 사람이 함께 누려야 한다고 생각했다.

그렇다고 해서 그가 자신의 부를 함부로 마구 뿌리지는 않았다. 부를 분배할 때도 확고한 신념이 있었다. 바로 자신의 젊은 시절처럼 재능은 있지만, 환경이 불우해서 도약의 기회를 잡지 못하는 젊은이들에게 도움을 주고자 했다. 그래서 그는 주로 도서관이나 대학교에 기부했다. 성실하지만 불행을 겪는 사람들에게, 대중의 문화생활 향유를 위해서, 세계 평화를 위해서, 그는 자신만의 엄격한 기준에 따라 기부했다는 점을 자신의 자서전에서 밝혔다.

카네기의 이러한 모습은 사업을 위해 한창 일했던 시기에도 엿볼 수 있다. 그는 노사문제에 대해서 진지하게 고민했던 사람 중 한 명이다. 오늘날 기준으로 보더라도 노동자에 대한 그의 생각은 많은 점을 시사한다. 그는 늘 노동자들을 신뢰했으며 그들과 함께 보냈다.

그가 쌓은 부가 자칫 우리에게 선입견을 심어주기 쉽지만, 이 책을 통해서 카네기가 얼마나 인간미 넘치는 사람이었는지를 알게 될 것이다. 그리고 그의 사상이 물질만 좇는 오늘날의 우리 자신을 다시 한번 되돌아보게 하고 고개 숙이게 할 것이다. 카네기는 자서전에서 청년들에게 다음과 같은 말을 당부한다.

어떤 사람이 "하찮은 일은 무시해버리는 편이 낫다"고 하는 말을 듣고 그는 "하찮은 일이란 대체 어떤 일인지 알려준다면 언제라도 기꺼이 그렇게 하겠다"라고 대답했다. 세상에 하찮은 일이란 없다는 말이다.

"청년들은 흔히 말하는 하찮은 일에 신의 선물이 담겨 있다는 사실을 기억해야 한다."

그렇다면 카네기에게 독서는 과연 어떤 의미가 있었을까.

카네기를 키운 독서 교육

카네기는 다른 명문가 자녀와 달리 공교육을 거의 받지 못하고 어린 시절부터 직업전선에 뛰어들었다. 스코틀랜드에서 미국에 이민 와서 아직 정착하지 못한 채 집안의 경제 형편은 매우 열악해져 초등학교 4학년을 마치고 더는 학교에 다닐 수 없었다. 대신 독학과 독서를 통해 필요한 지식을 습득하고 교양을 갖추었다. 비록 정규 교육과정을 거치지 않았지만, 그의 지적 수준은 매우 높았다. 함께 살았던 삼촌의 영향이 컸는데, 삼촌이 항상 그에게 책을 읽어주었다고 한다.

카네기는 특히 스코틀랜드의 역사와 영웅 이야기를 많이 들으면서 자랐는

데, 훗날 스코틀랜드의 공공도서관 건립에 후원한 계기가 된다. 만약 아이가 자기 모국을 사랑하기를 원한다면 어려서부터 자국의 역사나 그 역사에서 빛나는 인물의 이야기를 읽어주면 자연스럽게 나라를 사랑하는 어른이 될 것이다.

카네기가 글을 읽을 줄 알게 된 후에는 시와 희곡을 함께 읽고, 그것을 암송하게 했다. 시와 문학은 사람들의 삶에 낭만을 만든다. 이렇게 이야기를 듣고 시와 희곡의 중요 부분을 낭송하는 습관이 결국 카네기를 독서광으로 만들었다.

요즈음 책을 읽지 않는 사람들을 위해 오디오북을 만들어 음악처럼 소리로라도 듣게 하자는 운동이 다시 주목받고 있다. 오디오북은 독서가 아니지만 독서의 세계로 끌어들이는 매개체로 훌륭한 방법이다.

자녀가 어릴 때는 책을 읽게 하는 것만큼 책을 읽어주거나 들려주는 것이 중요하다는 사실을 카네기의 경험을 통해서도 알 수 있다. 이야기를 즐겨 듣는 아이들은 나중에 자라서 책을 통해서 더없는 호기심을 충족하고 지금 자신이 머무르는 곳보다 더 넓은 세상이 있다는 사실을 알게 된다. 그리고 이렇게 자란 아이들이 성장하면서 독서인이 되는 것이다.

가난한 '소년 노동자'로 학교에 갈 수 없었던 카네기에게 동네의 작은 도서관을 드나들며 꿈을 키울 수 있는 행운이 찾아왔다. 어느 날 카네기에게 또 다른 빛이 되어준 사람이 있다. 개인 도서관을 가지고 있던 제임스 앤더슨 대령은 자신이 소장한 장서 400여 권을 소년 노동자들에게 개방했다. 앤더슨 대령은 펜실베이니아에 여러 개의 무료 도서관을 짓기도 했다. 카네기는 이 작은 도서관에서 마치 신세계를 만난 듯 새로운 책을 탐닉했다. 카네기는 어린 시절을 회상히면서 야근하느라 힘든 날에도 일이 끝나면 도서관에 가서 책을 읽을 수 있다는 생각만으로도 심장이 뛰는 것 같다고 했다.

카네기가 어린 시절에 많이 읽었던 책은 문학과 역사책이었다. 훗날 사업하면서 문학은 사람을 이해하는 힘을 주었고, 역사는 시대를 읽는 힘을 주어 카네기가 사업에 성공하는 데 크게 기여했다. 특히 카네기가 좋아했던 책이 『아라비안나이트』였는데, 이 책만 읽으면 자신을 새로운 세계로 이끌어주는 것처럼 신비로움을 느꼈다고 한다. 결국 카네기는 독서로 인생의 중요한 일과 마음의 기쁨을 얻게 된 셈이다.

카네기는 지역 신문에 작은 도서관을 이용했던 고마움을 담은 「무료 도서관에 대한 나의 의견」을 투고했는데, 이 기사를 접한 앤더슨 대령이 도서관 이용 범위를 더욱 넓혔다는 일화도 있다. 도서관이 자라나는 아이들에게 줄 수 있는 역할에 대해 더 많은 생각을 하게 만든 계기가 되었다.

카네기는 결국 가난한 자신에게 기꺼이 도서관을 개방해주고 작은 도서관에서 꾸었던 꿈을 이루게 해준 데 대한 고마움을 여러 개의 공공도서관 건립 기금을 기부함으로써 보답했다.

카네기처럼
책을 읽는 법

첫째, 0~3세까지는 책을 읽어줘라. 이때 들은 기억이 평생 간다는 말이 있듯이 책에 대한 호기심을 길러주며 거부감을 없애준다.

둘째, 4~7세는 환경에 노출시켜라. 도서관이나 서점 등 책이 많이 있는 곳을 자주 데리고 다니면서 아이가 책을 접할 수 있는 기회를 만들어주는 것이 바람직하다. 그림이 많은 동화책으로 만화적인 상상력을 키워줘라.

셋째, 초등학생 시절에는 스스로 책을 선택할 수 있는 능력을 키워야 한다. 다양한 책을 접하고 자신이 좋아하는 것이 무엇인지 찾아낼 수 있게 도움을 준다. 부모나 교사가 일방적으로 독서 리스트를 제공하지 말고 아이에게 선택할 수 있는 기회를 준다. 좋은 방법으로는 옷을 살 때 아이쇼핑 하듯이 책도 다양한 책을 접할 수 있는 환경을 만들어줘야 한다. 이때부터 개인적 독서에서 사회적 독서로 전환하는 시기가 온다.

또래 아이들을 모아서 독서클럽을 만들어 함께 책을 읽을 수 있게 하고, 토론을 통해 상대의 말을 경청하고 자신의 의견을 발표할 수 있는 능력을 키워줘야 한다. 관심 분야가 같은 친구들과 팀을 이루면 효과가 배가된다. 그러나 1년에 한 번씩은 다양성을 키워주기 위해서 새로운 분야에 도전해보기를 권한다. 왜냐하면 아직은 완전한 자신의 개성을 찾기에는 독서력이 깊지 않기 때문이다. 먼길을 함께할 친구를 찾는 것과 같이 중요한 일이다.

넷째, 중학생 시절에는 소년 카네기처럼 책에서 꿈을 찾을 수 있는 시기다. 감성이 폭발하는 시기이기도 하다. 책을 보며 훌륭한 일을 해낸 사람들을 찾아서 자신의 멘토로 삼기도 하고 그들의 인생을 처음에는 모방하면서 자신의 꿈을 찾아내기도 한다. 책 속에는 여러 방법으로 삶을 살아간 사례가 많이 담겨 있다. 이 시기 청소년은 그들을 만날 수 있거나 의미가 되는 신념을 찾아내기도 한다. 독서로 가장 큰 효과를 낼 수 있는 시기다.

다섯째, 고등학생 시절에는 책을 통해 인생의 가치관을 확고히 다져야 하는 시기다. 어떤 상황에서도 대처할 수 있는 지혜를 얻는 것이 목적이 되어야 한다. 만약 부자가 되는 것이 꿈인 사람이 있다면, 부자가 된 후 무엇을 할지에 대한 목적의식이 있어야 한다. 그래야 그 목적을 이루고 난 뒤의 자신을 바라볼 수 있다.

카네기처럼 자신에게 책을 볼 수 있게 해준 작은 도서관의 고마움을 자신의 장기적인 삶의 목표를 세우는 데 사용한다면 부의 환원뿐만 아니라 선(善)을 환원할 수도 있다. 결국 카네기를 길이 기억하는 인물로 만든 것은 그 사회가 아닐까. 우리도 이러한 인재를 키워낼 수 있는 사회적 장치를 보완하면 좋을 것 같다.

카네기는 앤더스 대령의 도서관을 이용하면서 장기적인 자신의 목표를 세웠다. 첫째, 대학 설립, 둘째, 무료 공공도서관 설립, 셋째, 병원이나 의과대학, 연구소 등을 최소한 1개 이상은 설립하겠다는 계획이었다. 카네기가 이러한 목표를 세운 뒤 책도 훨씬 열심히 읽고 열정 있게 삶을 살아냈다.

한 사람의 삶의 여정에서 책은 중요한 역할을 한다. 삶의 등대가 되어 어떻게 살아야 하는지 지표가 되기도 하고, 때로는 살아가는 데 도움을 주는 지식을 주기도 한다.

삼류 대학
시카고대학교는 어떻게
명문으로 성장했을까

지금은 대학이 취업학원처럼 변해 아쉬움이 많지만, 흔히 '상아탑'으로 불리었던 대학의 본래 기능은 연구를 중심으로 한 학문을 통해 세상의 중심을 잡아주고 이끌어가는 역할이었다. 대학 본연의 기능을 충실히 수행함으로써 미국 유수의 명문대학 반열에 선 시카고대학교의 사례는 특히 독서의 중요성을 일깨워준다. 시카고대학교의 기적을 이끈 로버트 허친스 총장의 고전 인문 독서 프로그램을 살펴보자.

시카고 플랜의
기적

1857년 시카고대학교는 미국 일리노이주 시카고에 세워졌다. 1886년 재정난으로 30년도 견디지 못하고 폐쇄되었던 곳을 1890년 석유 재벌 J. D. 록펠

러가 재정 지원을 하여 다시 대학이 세워졌고 1892년부터 수업이 재개되었다. 삼류 대학에 불과했던 시카고대학교에 새로운 변화가 시작된 것은 1929년 로버트 허친스가 총장으로 부임하면서부터다. 로버트 허친스 박사는 '존 스튜어트 밀 독서법'에 능통한 사람이었다.

존 스튜어트 밀은 19세기 영국의 철학자이자 경제학자이며 현대 자유주의 발전에 큰 영향을 끼친 사상가다. 어렸을 때부터 아버지인 철학자 제임스 밀에게서 철학 고전 독서 교육을 받은 것으로 유명하다. 고전 독서 교육을 받은 밀은 또래 친구들보다 지적 능력이 뛰어나 3세에 그리스어를 배우고 8세에 플라톤을 읽었다고 한다.

존 스튜어트 밀의 독서법을 잘 알았던 로버트 허친스 총장은 학생들에게 100권이 넘는 세계 고전 리스트를 주고 이 책들을 외울 정도로 다 읽은 학생들만 졸업할 수 있다는 조건을 내세웠다. 이 100권의 책을 '그레이트 북스 (Great Books)'라고 부른다. 이것이 시카고 플랜이다. 시카고대학교 학생들은 시카고 플랜이 발표되자 졸업하기 위해서라도 100권이 넘는 고전 철학을 읽어야만 했고 그러는 동안 학생들에게는 혁명적 변화가 일어났으며 노벨상의 신화가 탄생하기에 이르렀다.

노벨상 수상자를 가장 많이 배출한 나라 1, 2, 3등은 미국, 영국, 독일이다. 2010년을 기준으로 각각 325명, 108명, 81명이 나왔다. 그러면 노벨상을 가장 많이 배출한 학교는 어디일까? 비교 불가 하버드대학교다. 157명의 수상자가 나왔고, 그다음이 시카고대학교로 2018년까지 91명의 노벨상 수상자를 배출했다.

시카고대학교는 2018년 공식 웹사이트를 통해 "시카고대학교가 91번째 노벨상 수상자를 배출했다"고 밝혔다. 현재 미국의 대학 순위에서도 1위 프린스턴대학교, 2위 하버드대학교, 3위 시카고대학교(공동 3위 매사추세츠공과대학교, 컬럼비아대학교)로 명문대학의 반열에 올랐다. 불과 100년도 되지 않은 기간에 삼류 대학에서 초일류 대학이 된 것은 바로 독서의 힘이었다.

시카고대학교의 성공은 그 지역의 교육 패러다임을 바꾸어놓았다.

이후 시카고 주 정부는 어린이에서 성인에 이르기까지 각자의 수준에 맞는 철학 고전을 읽고 토론하는 '그레이트 북스'라는 재단을 설립했다. 어린이와 청소년에게 철학 고전을 읽히고, 성인 역시 고전을 함께 읽어 새로운 인재를 발굴하겠다는 목적으로 설립된 재단이다.

미래사회의 경쟁력은 인재다. 후세대 삶의 질을 개척하는 인재육성의 초석은 아이들이며 아이들에게 독서 교육이 그 대안이 되리라고 확신한다. 창의적인 지도자가 한 나라를 바꾸고 시카고대학교 총장 허친스는 학교를 살렸다. 창의적인 부모는 아이들에게 새로운 꿈을 만들 기회를 제공해야 한다. 이를 통해 자녀의 인생이 바뀔 수도 있다.

둔재도 천재로 만드는 존 스튜어트 밀 독서법

존 스튜어트 밀은 영국의 계몽주의자였던 아버지 제임스 밀의 철저한 독서 교육으로 만들어진 천재라고 한다. 그러나 제임스 밀은 아들 존 스튜어트 밀의 교육에 남다른 노력을 기울였다. 존 스튜어트 밀은 3세부터 그리스어를 배우기 시작했고, 7세에는 이미 플라톤의 『대화편』을 읽을 수 있게 되었다고 한다. 그 나이에 어떻게 플라톤을 이해하느냐는 중요하지 않다. 한 번에 모든 것을 이해하기를 바라지 않았기 때문이다. 시카고 플랜처럼 읽고 또 읽고 반복하면 된다.

세계 최고의 다독가로 유명한 아르헨티나 출신 작가 알베르토 망구엘도 누적 독서의 중요성을 강조한 바 있다. 8세부터 라틴어를 배우기 시작한 존 스튜어트 밀은 많은 문학 저작과 역사서를 섭렵하는가 하면 12세부터는 논리학과 경제학도 학습했다. 이렇게 교육받은 밀은 천재의 지혜로움을 가졌지만, 그의 아버지는 밀 자신이 한 번도 천재라고 생각하지 못하도록 최대한 겸손한 사람으로 키웠다고 한다.

간혹 사람들은 "독서가 뭘 해줄 수 있어?"라고 말한다. 독서는 천재도 만들고, 대학교를 살리기도 하고, 노벨상을 줄줄이 타게도 한다. 우리 아이들에게도 이런 기회를 만나게 해줘야 한다.

시카고 플랜 인문학 리스트의 특징

시카고대학교 인문고전 목록은 지금도 시카고 대학 홈페이지에서 시카고 플랜을 검색하면 누구나 찾아볼 수 있다. 목록 자체는 144개지만 그 내용을 살펴보면 일부 책들은 분할했기 때문에 정확하게는 100권 정도로 생각하면 된다. 시카고 플랜의 인문고전 리스트에는 몇 가지 특징이 있다.

첫째, 철학, 역사, 문학을 중심으로 한 고전 인문서다.

둘째, 미국이 기독교 국가라서 그런지 성경을 읽게 한다. 그리고 미국의 독립선언문과 헌법을 읽게 해 자국의 이념과 정신을 이해하게 했다.

셋째, 읽기 쉬운 책부터 시작하여 단계별 난이도를 조정했다. 처음 1단계를 만나면 '나도 거의 읽은 책이네' 하다가 단계가 올라갈수록 읽은 책보다 안 읽은 책이 더 많고, 더 올라가면 아는 책보다 모르는 책이 점점 많아진다. 인문고전을 100권을 읽는다는 것이 그렇게 쉽지 않은 일이다.

넷째, 서양철학의 토대를 만들었다고 할 수 있는 플라톤과 아리스토텔레스의 저서들을 모두 읽게 한다.

다섯째, 일부 책은 전권을 읽게 하지 않고 발췌본을 읽게 하거나 목록을 여러 번에 나누어 읽게 한다.

여섯째, 개인 저작으로는 플라톤과 아리스토텔레스 다음으로 셰익스피어의 작품을 많이 포함한 것이 특징이다.

시카고대학교의 교훈은 '지식을 쌓을수록 인간의 삶은 부유해진다'는 것이다. 삼류 대학교에서 세계 최고 대학에 오른 시카고대학교의 성공은 독서의 중요성을 객관적인 데이터로 증명한 사례다.

독서는
인생의 보물 상자

현대는 절대적 가치보다 다양성이 인정받는 시대다. 그 시초는 근대 서구 문명의 변화에서 찾을 수 있다. 그것을 가능하게 해준 배경이 유럽에서 시작된 르네상스다. 상업과 산업의 발전은 다양한 계층이 자립할 수 있게 했다. 부의 축적은 사람들이 신에게 의존하며 절대복종을 주장하던 중세의 틀에서 벗어나게 했다. 절대가치보다는 다양성을 존중하는 시대로 전환이 이루어졌다. 획기적으로 생각의 변화를 가져온 배경으로 19세기 서구 유럽의 사상적 변화를 들 수 있다.

자신에게 다가온 기회를
놓치지 않으려면

이 시기의 대표적 인물로 독일의 쇼펜하우어가 있다. 그는 『의지와 표상으로서의 세계』를 통해 세계는 이성이 아니라 의지를 통해 변화한다고 주장한다. 절대적 가치가 모든 인간에게 동등하게 주어지는 것이 아니라, 개인의 의지에 따라 얼마든지 변화할 수 있음을 강조한다.

쇼펜하우어에게 영향을 받은 인물이 프리드리히 니체다. 그는 『차라투스트라는 이렇게 말했다』에서 초인을 내세운다. 단지 인간이 주어진 힘만 사용하지 말고, 더 노력해서 계속 힘을 성장시키면 원래 자신이 가졌던 힘보다 훨씬 더 큰 힘을 발휘할 수 있다고 했다. 니체는 신에게 절대적으로 의지해서 살지 말고 자신의 삶을 위하여 노력하라고 한다. 결국 절대적인 것은 없으며, 모든 것이 스스로 노력해야만 얻어질 수 있다는 논리가 되기도 한다. 그것이야말로 개인의 인생은 무엇을 선택하느냐에 따라서 달라진다는 뜻이다.

개인의 노력이 중요한 시기가 된 것이다. 주체적 삶을 강조하기 시작했다. 이때부터가 개인의 역량이 주목받기 시작했다. 신분이나 부가 마치 신에 의해서 또는 가문에 의해서 정해졌던 시대를 살았다면 근대 이후 사람들은 자신의 운명을 개척하기 시작했다. '무에서 유를 창조한다make something out of nothing'는 사실이 가능해졌다. 드디어 기회가 찾아왔고, 능동적인 사람들은 그 기회를 놓치지 않았다. 절대적 가치가 없다면 이제는 무엇이든 시도할 수 있다는 새로운 가치를 창출해낸다. 이것이 바로 21세기의 정신적 밑바탕이 되었다.

독서가 미래다

아마도 우리 아이들이 살아갈 미래도 이와 같을 것이다. 지금까지 우리가 중요하다고 생각하던 모든 가치가 달라질 수 있다. 근대 이후에 기회가 찾아왔을 때, 어떤 사람은 기회를 잡았지만 그렇지 못한 사람도 많았다. 결국 준비가 된 사람들, 새로운 세상을 해석할 역량을 갖춘 사람들이 기회를 잡는다. 중세에는 신을 절대적 가치로 두었다면, 현대는 물질적 부를 최고의 가치로 여긴다. 우리 아이들이 살아갈 미래는 어떤 모습일까?

시대가 변하고 있다. 이제는 4차 산업혁명이라는 용어가 과거형으로 느껴질 만큼 모든 것이 빠르게 발전한다. 이미 알려진 대로 수술하는 로봇 다빈치, 딸기 따는 로봇, 고층 건물의 외벽을 청소하는 로봇이 낯설지 않다. 사물인터넷의 발달로 집 밖에서도 집안을 통제할 수 있는 시대가 되었다.

어떤 학자는 미래에는 기계가 생산하는 물질을 소비하는 것이 인간이 하는 일이거나, 지금은 없는 새로운 직업이 만들어질 거라고 말한다. 자본주의 사회는 생산과 소비가 균형이 맞아야 평화로운 사회가 된다. 그렇다면 이러한 상상도 불가능한 공상은 아니다. 정신을 똑바로 차리고 생각해봐야 한다. 지금 고소득을 얻는 직업이 과연 그때도 그럴까? 또 지금처럼 공부만 한다고 미래가 보장될까?

급변하는 세상에서 모든 사람에게 세상을 변화시킬 기회가 주어진다. 긍정적인 의미로 받아들이면 지금이야말로 기회다. 따라서 아이들에게 다양성을 배울 수 있게 하고, 여러 경험을 통해서 자신의 인생에 맞는 선택을 할 수 있게 도움을 줘야 한다.

책 속에는 미래를 위한 수많은 아이디어가 보물처럼 들어있다. 우리는 아이들이 그 보물을 찾아낼 수 있는 시각을 길러줘 스스로 인생의 길을 잘 찾아갈 수 있게 해줘야 한다. 니체는 사람들에게 '인생을 어떻게 살고 싶어요?'라고 질문을 하면, 대부분 두 가지로 답한다고 한다.

첫째는 "그냥 살아요"라고 답한다. 이런 사람은 생존 자체가 삶의 목표이기 때문에 자신이 왜 살아야 하는지 모르고 산다. 따라서 인생에 목표가 없고, 자기 삶을 주체적으로 살아가지 못한다.

둘째는 "진리는 아무것도 아니다." 이 말은 언뜻 들으면 마치 무기력하거나 건방지다고 생각할 수 있다. 그러나 긍정적으로 해석하면, 어떤 것에도 의존하지 않고 스스로 무언가를 시도해볼 수 있다는 뜻도 된다. 자기 삶의 목표를 스스로 설정하고 실천함으로써 "모든 것이 허용된다"는 삶의 새로운 가치를 발견하는 긍정적 마인드를 키울 수 있다. 니체는 인간이 무엇인가에 의존하지 않고 주체적 관점에서 적극적으로 실천하며 살아가야 한다고 주장했다.

나는 니체와 쇼펜하우어를 책으로 만났다. 그리고 이 책들은 인생이 힘들 때 꺼내 보는 내 보물 상자 속 초콜릿과 같다. 나 자신이 초라하게 보일 때나 뭔가 시도한 일이 잘되지 않아 좌절했을 때나 언제든 니체와 쇼펜하우어의 통찰이 담긴 조언은 힘이 되었다.

미래가 불확실한 만큼 아이들은 두려움과 맞서야 한다. 이때 막연히 두려워할 것이 아니라 책을 읽어보자. 내가 읽는 것이 내가 된다. 어떤 미래가 와도 내가 누구인지, 어떻게 살고자 하는지 방향을 잘 잡고 있다면 두려움은 사라진다. 그것을 알아가는 방법이 책 읽기다.

2장

꿈과 진로를 찾아주는
꼬리 물기 독서법

왜소하고 자신감 없던 아이에서 영국의 가장 존경받는 총리가 된 처칠처럼, 책을 열심히 읽어 부자가 된 카네기와 워런 버핏처럼 독서로 인생을 바꿀 수 있다. 빌 게이츠나 스티브 잡스가 독서에 몰두했던 것은 바로 독서가 창의적인 아이디어를 만들어내는 씨앗과 같았기 때문이다.

꼬리 물기
독서법

평소 아이들에게 가장 좋은 독서법이 무엇인지 질문을 많이 받는다. 책을 읽고 싶어도 방법을 모르겠다는 아이와 부모, 책에 선뜻 손이 가지 않고 무슨 책을 어떻게 읽어야 할지 어렵다고 말하는 청소년들, 사고력이나 언어 이해력 등 독서의 효과를 누리면서 진로도 찾는 독서법을 고민하는 학교 선생님들에게 나는 '꼬리 물기 독서'를 추천한다.

꼬리 물기 독서란 한 권의 책을 읽은 뒤 그 책의 주제나 소재가 유사하거나 연결성이 있는 다른 책을 읽어가는 독서법이다. 또 내가 어떻게 살고 싶은지, 무슨 일을 하고 싶은지 진로를 결정할 때 관심 분야의 책을 연결해서 읽는 방법이다.

여러 권의 책을 비교하면서 읽는 다독이 될 수도 있고, 단 몇 권의 책을 깊고 꼼꼼하게 읽는 정독이 될 수도 있다. 특별한 형식이 있다기보다 책을 연결성 있게 읽는 것이 가장 중요한 핵심이다. 자신이 관심 있는 분야의 책을 읽기 때문에 훨씬 재미있고 깊이 있게 책을 읽을 수 있다.

재미있고 즐겁게
책을 읽는 방법

그런데 이보다 먼저 해야 할 일이 있다. 아이들 스스로 책을 읽고 싶게 만드는 방법을 찾아야 한다. 먼저, 아이들이 무슨 책을 읽고 싶은지 묻기 전에 어떤 책을 좋아하는지를 알아야 한다. 아무리 좋은 독서법도 책을 읽는다는 전제가 있어야 가치가 있다. "구슬이 서 말이라도 꿰어야 보배"라는 속담이 있다. 아무리 훌륭하고 좋은 것이라도 다듬고 정리하여 쓸모 있게 만들어야 가치가 있다는 뜻이다. 독서가 아무리 좋아도 아이가 책을 읽지 않는다면 무용지물이다.

나는 지금까지 도서관에서 어떻게 하면 많은 사람에게 책을 읽힐지 고민해왔다. 특히 어린이들을 위한 책 읽기 프로그램을 수도 없이 다양한 방법으로 진행해왔다. 전작인 『하브루타 창의력 수업』도 그런 고민을 하다가 만난 유대인의 독서법이다.

지금 쓰는 청소년들의 꿈을 찾아주는 '꼬리 물기 독서법'도 마찬가지다. 어떻게 하면 아이들이 재미있게 독서를 할 수 있을지 고민하다가 발견한 독서법이다. 이미 오래전부터 있던 독서법인데, 그것을 꼬리 물기 독서법이라는 이름으로 부르지 않았을 뿐이다. 여기서 그것을 좀 더 이해하기 쉽고 간단하게 설명을 덧붙여 더 많은 사람이 책을 읽는 도구로 사용했으면 한다.

꼬리 물기 독서를
효과적으로 하는 독서 노트

책을 읽을 때 자신만의 독서 노트를 만들어 기록하는 것을 습관화하면 아주 특별한 자료집을 만들 수 있다.

한 번에 독하게 주입식으로 책을 읽는 것은 바람직하지 않다. 법정 스님은 사람들이 책을 읽을 때, 분명 눈으로는 책을 읽었는데 무슨 내용인지 몰라서 다시 앞으로 가서 처음부터 읽는 경우가 많다고 지적했다. 많은 사람들이 책을 읽다가 경험하는 일이다. 그것은 내가 책을 읽는 것이 아니라 책이 나를 읽는 것이니, 잠시 책에서 벗어나 눈도 쉬게 해주고 생각도 쉬게 해줘야 한다.

책을 무리하게 읽을 필요는 없다. 여유가 없다면 나누어 읽으면 된다. 어제 읽은 책의 앞부분이 생각나지 않는다고 '내 머리가 나쁜 건 아닐까' 자책할 필요도 없다. 앞에서도 독서에는 축적의 힘이 있다고 했다. 여러 번 같은 책 또는 관련된 책들을 찾아서 읽으면서 쌓아가는 것이 독서다.

책을 읽다가 기억하지 못한다고 걱정하지 않아도 된다. 이 문제를 해결할 좋은 방법이 있다. 그것이 '나만의 독서 노트 만들기'다. 독서 노트에 들어가는 항목은 자신에게 맞게 빼거나 추가하면 된다.

✎ 독서 노트 만들기

나의 꼬리 물기 독서 노트

날짜				
나의 관심 분야				
관심을 갖게 된 이유				
도서 정보	서명	저자	출판사	발행연도
도서 키워드				
중심 내용				
인상 깊었던 책 속 내용				
독서 후 나의 생각				
이 책과 함께 읽고 싶은 책				
다음에 읽어보고 싶은 주제 분야				

주제별
꼬리 물기

책의 주제에 꼬리 물기를 한다면, 이렇게 할 수 있다. 예를 들어 학생들이 사회나 과학 수업 시간에 지구온난화를 배운 뒤 좀 더 깊이 읽고 싶은 내용이 생겼다면, 남종영의 『북극곰은 걷고 싶다』(지구온난화 때문에 바뀌고 있는 북극과 남극, 적도 등의 현장을 여행하고 취재한 환경 에세이)와 윤신영의 『사라져가는 것들의 안부를 묻다』(어느 개체건 어느 종이건 생명의 다른 이름은 죽음이고, 진화의 끝과 시작은 멸종이다. 그 사라져가는 생명은 또한 서로 거미줄처럼 얽히고설켜 거대한 생태계를 이룬다는 내용을 편지글 형태로 담은 책)와 같은 책을 연결해서 읽어보라고 권한다.

이후 생태 환경과 관련해 더 많은 관심이 생기면, 로리 그리핀 번스의 『꿀벌이 사라지고 있다』와 맨디 하기스의 『종이로 사라지는 숲 이야기』를 연결해서 읽는다. 이렇게 책을 읽어가면 자연스럽게 환경 파괴는 경제와 밀접한 관련이 있음을 알게 된다. 자연스럽게 경제 관련 도서로 관심 영역을 넓힐 수도 있다.

이처럼 관심 분야의 깊이를 더하거나 영역을 넓히는 방식이 꼬리 물기 독서의 장점이다. 꼬리 물기 독서를 반드시 깊게 읽기의 유일한 방법으로 생각할 필요는 없다. 자신이 관심을 두는 분야의 책을 넓게 꼬리에 꼬리를 물며 읽어가고, 꼬리 물기 독서 노트를 활용하면 여러모로 편리하고 합리적이다.

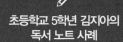

나의 꼬리 물기 독서 노트

날짜	2019. 0. 0.			
나의 관심 분야	지구온난화			
관심을 갖게 된 이유	학교 사회 수업 시간에 지구온난화에 대해 배운 뒤 더 잘 알고 싶어져서.			
도서 정보	서명	저자	출판사	발행연도
	북극곰은 걷고 싶다	남종영	한겨레출판사	2009 09.07
도서 키워드	지구온난화	북극과 남극	여행	곰
중심 내용	이 책은 남종영 작가가 직접 북극에서 남극까지 둘러본 여행 에세이다. 지구온난화에 대한 학습의 기록이라고도 한다. '뜨거워서 아픈 지역'인 지구온난화의 여러 곳을 다니면서 꼼꼼히 자연과 인간의 변화상을 글로 쓰고 사진으로 찍은 것을 책으로 출판한 것이다. 지구온난화로 인해 자기가 오랫동안 살아가던 주거지를 잃어가는 동물과 사람들의 이야기들을 들려주면서, 과연 어떻게 해야 인간과 동물이 함께 살아갈 수 있을지 생각해보게 한다. 한국 사람이 쓴 최초의 지구온난화 이야기다.			

나의 꼬리 물기 독서 노트

인상 깊었던 책 속 내용	우리는 포큐파인 카리부와 관계를 맺고 삽니다. 우리는 카리부와 함께 창조됐지요. 우리는 카리부 심장의 한 부분이고, 카리부는 우리 그위친 심장의 한 부분입니다. 우리가 카리부고, 카리부가 우리입니다. … 우리는 한때 유목민이었어요. 카리부를 따라 북극의 벌판을 돌아다녔죠. 지금처럼 아크틱빌리지에 정착한 건 100년도 채 되지 않았습니다. 우리가 유목민이었을 때, 우리는 카리부 가죽으로 집을 만들었고, 카리부 고기를 먹었고, 카리부 다리로 신발을 만들었고, 카리부 뿔과 식기와 사냥도구를 만들었어요. 지금도 마찬가지입니다. 페어뱅크스에서 주문한 일부 공산품을 쓰긴 하지만, 카리부를 사냥하고 카리부를 먹고 카리부를 기다리는 우리의 삶은 변하지 않습니다. (58쪽)
독서 후 나의 생각	지구온난화가 북극곰 생태에 나쁜 영향을 미친다고 하니 걱정이 된다. 나는 알래스카의 북극곰과 고래, 남극의 펭귄, 남태평양의 섬 투발루에서 고성의 명태까지 지구 위에서 사라지지 않고 남아 있는 것이 중요하다고 생각했다. 개발해서 돈을 많이 버는 것보다 자연을 더 이상 힘들게 하지 않아야 사람들에게도 도움이 된다는 것도 알았다.
이 책과 함께 읽고 싶은 책	1. 사라져 가는 것들의 안부를 묻다(윤건영) 2. 꿀벌이 사라지고 있다(로리 그리핀 번스) 3. 종이로 사라지는 숲 이야기(맨디 하기스)
다음에 읽어보고 싶은 주제 분야	경제(환경과 경제가 관련이 많은 것 같아서 읽어보고 싶다)

이렇게 간단하게 독서 노트만 작성해도 책을 읽을 때 도움이 된다. 뿐만 아니라 지속해서 작성하면 훌륭한 자신만의 자료집이 된다. 사람의 기억장치는 컴퓨터와 달리 메모리가 작다. 그동안 읽은 책을 생각해보면 큰 줄거리 정도도 기억하기 어렵다. 이렇게 독서 노트를 작성해두면 초등학교 때 읽은 책을 중학생이나 성인이 되어 읽었을 때 그 감상이나 시각의 변화를 알 수 있다. 읽기만 하면 책 내용이 그냥 스쳐 지나가고 말겠지만, 책을 읽고 기록하면 책의 내용이 내 것이 된다.

상황에 따른 꼬리 물기 독서법

요즈음 뉴스의 메인을 장식하는 주제가 정치문제와 경제문제다. 우리나라와 일본과의 관계는 정치문제에 경제문제까지 엮여서 실타래처럼 꼬여 있고, 미국과 이란, 미국과 북한은 핵무기를 가지고 첨예하게 맞서고 있다. 자국의 이익을 앞세운 각국의 경제전쟁도 만만치가 않다. 이런 시사 이슈에 아이들이 관심을 보인다면 그냥 말로 설명하는 것보다 객관적 시각으로 복잡한 국제 관계를 바라볼 수 있도록 함께 책을 읽어보자.

당장 눈앞의 문제에만 집착하면 의식의 폭이 넓어지지 않는다. 눈앞의 현상만 놓고 보면 아이들은 한국과 일본이 왜 이렇게까지 해야 하는지 이해하기 어려울 것이다. 이런 경우 아이들이 양국의 역사를 이해하는 것이 무엇보다 중요하다. 한국의 역사와 일본의 역사를 읽고, 한일관계를 함께 다룬 책을 보면 도움이 된다.

한국의 역사를 청소년의 눈높이에 맞게 기술한 책이 있다. 현직 역사 선생님이 공동 출판한 『청소년을 위한 한국사』(백유선, 신부식, 임태경 공저)다. 다음으로 꼬리 물기 할 책은 우리 아이들에게 역사를 어떻게 가르칠지 고민하는 전국역사교사모임에서 펴낸 『처음 읽는 일본사』나 "한 권으로 풀어 쓴 이야기 역사 시리즈" 『이야기 일본사』(청솔역사연구회) 등을 읽게 한다.

그다음으로 일본 도쿄대학교 동양문화연구소 교수 와다 하루키의 『한국과 일본의 역사 인식 : 독도, 야스쿠니, 위안부, 교과서 문제의 근원과 쟁점』을 읽으면 좋다. 이 책은 일방적인 비판보다는 엄밀한 학문적 연구 성과를 토대로 한일 간의 대화에 초점을 맞추었다. 대화를 통해 오랜 상처를 치유하려는 데 목적을 두고 펴낸 역사서다. 1부는 독도 문제를 다루고, 2부는 야스쿠니 신사, 일본군 위안부(성노예) 문제, 교과서 문제의 쟁점을 살핀다. 3부는 이 같은 쟁점의 기원과 변용, 극복 방안을 담았다. 이렇게 아이들이 책을 읽는다면 상황을 판단하는 능력이 생길 것이다. 이후에 자연스럽게 정치나 경제에 관심을 둔다면 거기에 맞는 책을 이어서 읽으면 된다. 독서는 현재는 물론 미래를 바라보는 눈을 키워준다.

생각하는 힘을 키운다

이 같은 책 읽기는 지식을 쌓을 뿐만 아니라, 사고력을 키우는 데 도움이 된다. 꼬리 물기 독서를 꼭 같은 분야에 한정할 필요는 없다. 환경−경제, 과학−윤리처럼 서로 다른 분야의 책을 읽어가면서 생각의 폭을 넓힐 수도 있다. 아이가 관심을 두는 분야를 알면 서점이나 도서관에서 도움을 받을 수 있다.

요즈음에는 서점이나 도서관에서 유사한 내용의 책을 한 장소에 모아두고 설명까지 덧붙이는 컬렉션 서가를 많이 운영한다. 최첨단 검색 시스템을 이용해도 된다. 이미 하나의 책을 검색하면 웹상에서 활동하는 로봇이 빅데이터를 활용하여 클라우드 방식의 정보를 한눈에 볼 수 있게 제공한다. 이 책과 유사한 내용의 책이 꼬리 물기 독서처럼 검색되어 나온다.

예를 들어 앞에서 제시한 번스의 『꿀벌들이 사라지고 있다』를 검색하면 『꿀벌들아, 내가 지켜줄게』(최향숙)와 『벌의 죽음 멸종의 전조』(과학동아 디지털부)가 함께 검색되어 나온다. 또한 이 책을 검색한 사람들이 검색한 다른 책까지 정보를 얻을 수 있다.

어떤 책을 읽을까? 그리고 어떻게 읽어야 할까? 그 방법을 몰라 고민하는 청소년과 부모들에게 꼭 한번 꼬리 물기 독서를 시도해보기를 권한다. 왜소하고 자신감 없던 아이에서 영국의 가장 존경받는 총리가 된 처칠처럼, 책을 열심히 읽어 부자가 된 카네기나 워런 버핏처럼, 독서로 자신의 인생을 바꿀 수 있다. 빌 게이츠나 스티브 잡스가 독서에 몰두했던 데는 그만한 이유가 있었다. 그들에게 독서는 창의적인 아이디어를 만들어내는 씨앗과 같았기 때문이다.

책은 공부를 위한 일시적 도구가 아닌, 자신의 인생을 이끌어줄 희망이 될 수 있다. 다양한 독서법이 있겠지만 학습과 진로에 대해 진지하게 고민하는 청소년들에게 독서의 효과를 극대화할 방법으로 꼬리 물기 독서가 대안이 될 것이라 믿는다.

하나의 주제에 맞는 책을 연속해서 깊게 읽거나 자신이 관심 있는 분야에 관한 책을 넓게 읽는 꼬리 물기 독서는 우리 자녀들에게 자율독서를 가능하게 해줄 것이다.

첫 책을
어떻게
만나야 할까

요즘 아이들에게 "책 읽을래?" 하고 물어보면, "아니요, 공부하기 싫어요" 라고 대답한다. 순간 당황해서 "뭐, 공부라고?" 하고 되묻곤 한다. 안타깝지만 우리나라는 유아 때부터 독서 교육을 대부분 주입식으로 해왔다. 학습의 연장선에서 또는 독서도 일종의 선행학습처럼 아이의 수준과는 상관없이 진행되었다.

책 읽기를 강조하고 심지어 강요하다 보니 발생하는 문제다. 책 읽기가 또 다른 공부가 되어버린 것이다. 독서가 해야 할 일이 아니라 하고 싶은 일이 되려면 어떻게 해야 할까? 독서의 즐거움을 알려주려면 어떻게 해야 할까?

독서법에는
왕도가 없다

책을 읽으면 좋다는 것은 누구나 다 아는 사실이지만, 실천하기가 어렵다.

그래서인지 다양한 독서법이 있다. 가난한 소년을 부자로 만들어준 '카네기 독서법'은 소리 내어 책을 읽어주는 것을 강조한다. 훗날 카네기가 독서인으로 성공한 사업가가 되는 밑거름이 되었다고 고백했다.

'존 스튜어트 밀 독서법'은 아버지가 인문고전을 어렸을 때부터 읽게 해서 아이를 천재로 키운 방법이다. 시카고대학교의 허친스 총장이 전교생을 대상으로 이 독서법을 실시해 학교를 명문대학으로 탈바꿈시켰고, 수많은 노벨상 수상자를 배출했다.

유대인의 강력한 힘을 만든 저력으로 통하는 '하브루타 독서법'도 있다. 나의 전작 『하브루타 창의력 수업』이 하브루타를 독서에 접목한 내용이다. 하브루타 독서는 함께 책을 읽고 서로 질문하고 토론하는 방식이다. 이외에도 논술학원 교사가 독서와 공부를 연계하여 성적을 올리는 방법을 쓴 '공부머리 독서법'과 초등학교 교사가 독서도 때가 있음을 강조한 '초등 적기 독서법' 등도 있다.

세상에는 우리가 아는 것보다 훨씬 다양한 독서법이 있다. 이는 독서가 매우 중요하지만 실천하기 어렵다는 것을 반증한다. 실천하기가 어렵다고 포기해서는 안 된다. 다양한 독서법 중에서 아이에게 또는 자신에게 맞는 방법을 선택하면 된다. 한 사람에게 맞는 독서법이 다른 사람에게도 맞는다는 보장은 없다.

다양한 방식을 접해보고 자기에게 혹은 아이에게 맞는 방식을 찾아가면 된다. 그 전에 책을 왜 읽어야 하는지 아는 것이 먼저다.

독서는
모든 즐거움의 원천

세계적인 다독가이면서 『서재를 떠나보내며』의 저자인 알베르토 망구엘은
독서에 대해 이렇게 말한다.

> 독서를 단순히 여러 즐거움 중에 하나라고 말하는 것은 지나치게 겸
> 손한 표현이다. 내게 독서는 모든 즐거움의 원천이며, 모든 체험에 영
> 향을 주면서 그걸 좀 더 견딜 만하고 나아가 좀 더 합리적인 것으로
> 만드는 행위다.

모두가 알베르토 망구엘처럼 독서가 즐거움의 원천이라면 고민할 필요가
없다. 그러나 우리나라의 많은 부모는 아이들의 성적을 올리기 위한 방법으
로 책 읽기를 고민한다. 물론 독서가 공부에 도움이 된다면 그것도 더할 나
위 없이 좋은 일이다. 하지만 이것은 동전의 양면 같다. 그것이 동기가 되어
책 읽는 즐거움에 빠질 수 있다면 걱정할 필요가 없다. 그러나 반대로 아이
가 책에서 멀리 그리고 빨리 달리기로 도망칠 수도 있다. 우리가 흔히 우스갯
소리로 하는 말 중에 불면증에 걸린 아이도 책만 읽으라고 하면 깊은 잠에
빠진다고 한다. 책이 처음부터 무조건 좋은 아이가 몇 명이나 될까? 그래서
첫 만남이 매우 중요하다.

2019년 우리 도서관 목표가 '청소년에게 책을 읽히자'였다. 내가 도서관에
서 주로 하는 고민이기도 하다. '어떻게 하면 아이들이 초콜릿처럼 맛있게 책

을 읽을 수 있을까?', '게임처럼 재미있고, 친구와 노는 것처럼 신나게 책을 읽게 할 수 있을까?', '처음 누군가를 좋아할 때처럼 설레게 할 수 있을까?'를 생각하고 또 생각하다. 책이라고는 교과서를 보는 게 전부이고, 늘 스마트폰을 끼고 사는 청소년들에게 책을 읽히는 것이 언뜻 불가능하게 느껴지지만, 충분히 가능한 일이다.

누구를 만나느냐에 따라 인생이 바뀔 수 있는 것처럼, 어떤 책을 만나느냐에 따라 개인의 독서력도 달라진다. 가장 중요한 건 처음 책을 어떻게 만나느냐다.

아이들을 독서 환경에 노출시켜라

나는 끼니도 놓칠 만큼 바쁘게 일하시면서도 시간을 쪼개 틈틈이 책을 읽으시던 어머니를 보면서 자랐다. 어머니는 한 번도 내게 책을 읽으라고 권하거나 강요하지 않았지만, 그런 환경에서 살다 보니 가랑비에 옷이 젖는 것처럼 '책은 재미있는 것'이라는 것을 알게 되었다. 나는 생각했다. '아, 책을 읽는 것은 밥을 먹는 것보다 배부르고 맛있는 것이구나'라고.

엄마 아빠는 TV나 스마트폰을 보면서 아이에게는 책을 읽으라고 강요하는데, 그것은 바람직하지 못하다. 부모가 본을 보이지 않고 아이가 잘되기를 바라는 것은 과한 욕심이다. 중국 전국시대의 철학자 순자는 환경의 중요성을 다음과 같이 강조했다.

蓬生麻中不扶自直(봉생마중불부자직)

꾸불꾸불 자라게 마련인 다북쑥도 삼밭에 나면 손을 쓰지 않아도 삼

처럼 곧게 자란다.

사람은 환경에 따라 곧게도 굽게도 변한다는 말로, 착한 사람을 만나 사귀면 저절로 선하게 된다는 뜻이다.

순자의 주장을 독서에 대입할 수 있다. 매일매일 집에서 부모님이 책을 읽는 모습을 본다면 아이들도 자연스럽게 책을 좋아하게 된다. 독서도 그 환경이 얼마나 중요한지 알 수 있는 대목이다.

책을 읽고 싶은데 내가 좋아하는 것이 무엇인지 모를 때는 서점이나 도서관에서 아이쇼핑 하듯이 여러 책을 뒤적이는 것도 효과가 있다. 우리가 처음으로 옷을 사러 백화점에 가면 그 많은 옷 중에서 나에게 맞는 옷을 한 번에 고르기가 쉽지 않다. 그렇지만 옷을 잘 입는 사람들은 지속해서 관심을 두고 자신에게 맞는 옷을 찾는다. 마찬가지로 독서도 처음에는 내가 어떤 책을 좋아하는지 모를 수 있다. 그럴 때는 고민만 하지 말고 다양한 책들이 있는 곳을 찾아서 목차만이라도 읽다 보면 끌리는 책이 생긴다. 거기서 시작하면 된다.

어떻게 스스로 책을 읽게 할 수 있을까

내가 발명할 수 없다면, 이미 발명된 것을 좀 더 새롭게 변화시켜 나만의

창의적 아이디어로 만들 수 있는 연습이 필요하다. 우리 아이들도 두뇌훈련을 지속적으로 한다. 그런데 그것이 그들의 인생에 의미 있는 훈련인지 검증할 필요가 있다. 도서관에 있으면서 가장 안타깝게 지켜봤던 것 중 하나는 생각하지 않는 사람으로 성장하는 청소년이 너무 많다는 사실이다.

얼마 전 「공부가 뭐니?」라는 TV 프로그램에 마라토너 이봉주 부부가 출연해서 아들에게 여러 검사를 진행한 뒤 전문가 그룹에 컨설팅을 받는 것을 보았다.

컨설팅에 따르면 아이는 IQ가 135로 전국 상위 1% 안에 드는 인재라고 한다. 그런데 놀랍게도 아들은 흔히 말하는 선택 장애가 있는 것도 아닌데 스스로 무엇인가를 결정하지 않으려고 했다. 그 결과, 모든 것이 느리고 계획성이 없어 시간을 낭비하기 때문에 성과를 내기 어렵다는 진단이 내려졌다. 이유는 간단했다. 영상을 보니 엄마가 모든 것을 일일이 지시하고 아들은 그 지시대로 거부감 없이 따르는 모습이 보였다. 아이가 자기 의지로 무엇인가를 선택할 시간을 전혀 주지 않았다.

엄마도 영상을 통해서 자신의 행동을 지켜보고는 "저 때문이에요?"라고 물으며 눈시울이 붉어졌다. 너무나 귀한 자식이라 아이가 무엇을 좋아하는지 살펴볼 겨를도 없이 아빠가 운동선수였으니까 운동에 대한 DNA를 타고났다고 생각해 어릴 때부터 운동이란 운동은 모두 시켰다고 한다. 그런데 뜻밖에 그날 적성검사에서 아이는 운동에 대한 재능은 거의 없고, 수학과 과학에 대한 재능이 우수한 것으로 나타났다. 아이의 특징이나 관심을 살피지 않고 부모의 판단으로 장래를 결정한 것이다. 우리 주변에서 흔히 볼 수 있는 엄마표 교육의 현실이기도 하다. 아이는 고2이지만 지금부터라도 아이가 좋아하는 길을 갈 수 있도록 부모가 도움을 줘야 한다는 것으로 프로그램은 끝을 맺었다.

독서도 마찬가지다. 부모가 일방적으로 정해주는 독서 목록이나 학교에서 반강제로 읽게 하는 추천도서가 어쩌면 아이를 독서와 영영 이별하게 할 수도 있다.

아이들에게 선택할 기회를 주어야 한다. 아이 스스로 좋아하는 책을 고를 수 있게 어릴 때부터 책을 쉽게 만나면서 친해지게 해야 한다. 그다음 아이가 자신이 필요한 책을 찾아 읽을 수 있게 기다려줘야 한다. 조금 답답하다고 일방적으로 부모나 교사가 독서 리스트를 강제하지 말아야 한다.

누구에게나 특별한 책이 기다린다

우리에게 『데미안』으로 잘 알려진 독일 작가 헤르만 헤세는 자신의 저서 『독서의 기술』에서 독서에 대해 이렇게 말했다.

독서도 다른 취미와 마찬가지여서, 우리가 애정을 기울여 몰두할수록 점점 더 깊어지고 오래간다. 책은 친구나 연인을 대할 때처럼 각각의 고유성을 존중해줘야 하며, 그의 본성에 맞지 않는 다른 어떤 것도 요구하지 말아야 한다. 또한 무분별하게 후다닥 해치우듯 읽어서도 안 되며, 받아들이기 좋은 시간에 여유를 갖고 천천히 읽어야 한다. 마치 사랑하는 사람을 만나는 것처럼 말이다.

무엇인가에 자극을 받아 책을 읽겠다고 다짐하고는 단시간에 많은 책을 읽으려고 욕심을 부리는 사람들이 있다. 도서관에서 종종 보는 모습인데, 그런 사람들을 보면 안타까운 생각이 든다. 헤르만 헤세의 말처럼 책은 후다닥 읽어치우는 것이 아니다. 그런 독서는 전혀 도움이 되지 않는다. 급하게 먹는 밥은 체하고, 빨리 읽는 책은 가슴에 남지 않는다. 나태주 시인이 "오래 보아야 예쁘다. 너도 그렇다"라고 한 것처럼, 책도 시간을 두고 천천히 오래 읽어야 그 의미가 보인다.

우리는 아무리 배가 고파도 허기를 채우기 위해서만 밥을 먹지 않는다. 내가 지금 먹는 밥이 나의 건강에 좋은 영향을 끼치기를 바란다. 독서도 이와 다르지 않다.

헤르만 헤세는 가장 좋아하는 책이 무엇이냐는 질문에 자신은 근대문학 읽기를 좋아한다고 말했다. 그중에서도 1750년에서 1850년 사이 독일의 서민문학을 좋아한다고 했다. 헤세가 좋아한 작가는 괴테다. 헤세는 화려하지 않은 편지나 시 같은 서민적이면서 흙냄새 나는 인문학자들의 글을 좋아했다. 헤세가 독일의 근대문학을 좋아하는 이유는 자신이 어려서부터 쉽게 접해서 정서적으로 편하게 다가갈 수 있었기 때문이다.

우리는 책을 읽다 보면, 자신이 좋아하는 책을 읽기도 하고 때로는 좋아하지 않지만 필요에 의해서 읽어야 하는 책을 읽기도 한다. 좋아하지 않으면서 필요에 의해 읽을 때 우리는 독서의 피로감을 느낀다. 그 피로감을 덜어주는 것이 자신에게만 있는 고향 같은 독서의 기억이다. 그것으로 위로를 받고 다시 시작할 수 있는 힘을 얻는다. 우리 아이들에게도 어린 시절부터 엄마의 따뜻한 품속처럼 느낄 수 있는 독서의 기억을 만들어주는 것이 필요하다.

나는 어린 시절 리처드 바크의 『갈매기의 꿈』을 읽고 충격을 받은 적이 있다. 그 시절 나에게는 새도 꿈을 꾼다는 게 너무나 놀라웠고, 그런데 나는 아무 꿈이 없다는 게 부끄러웠다. 그때부터 그 책은 나의 인생 책이 되었다. 청년이 되어서도 읽었고, 어른이 되어서도 읽었다. 읽을 때마다 나에게 다른 의미를 주곤 한다. 작가로는 천생 이야기꾼인 톨스토이와 시대의 아픔을 온몸으로 노래한 시인 김소월을 좋아한다. 물론 수많은 작가들의 책이 있고, 읽을 때마다 감동을 받아 좋아하는 작가 리스트가 가끔 바뀔 때도 있지만 말이다.

누구에게나 자신만이 가지고 있는 소중한 일생의 추억이 있듯이 독서도 마찬가지다. 자신에게만 특별한 책이 있을 수 있고, 그 책에 평생을 기대어 살아갈 수 있다. 아직 자신만의 특별한 책을 만나지 못했다면 어딘가의 서가에서 간절히 당신을 기다리고 있을 것이다.

자신에게 맞는
독서법을 찾아라

독서를 통해 인생을 극적으로 반전시킨 사람으로는 윈스턴 처칠이 있다. 그는 어린 시절 트라우마를 독서로 극복했다. 그는 학교 부적응 낙제생에서 제2차 세계대전을 승리로 이끈 대영제국의 총리가 되었으며 제2차 세계대전 회고록으로 노벨문학상을 받기도 했다.

처칠은 학교에서 말썽꾸러기 낙제생이었다. 그의 생활기록부에는 "품행이 나쁘고 믿을 수 없는 학생임. 의욕과 야심이 없고 다른 학생들과 자주 다투며, 상습적으로 지각하고 물건을 제대로 챙기지 못하며 야무지지 못함"이라고 적혀 있었다. 성적도 하위권이었다. 이런 처칠을 구원한 사람은 독서로 아들의 재능을 발견하게 만든 어머니였다.

인생의 길을 열어주는
독서

처칠은 독서광이 되었다. 장교로 임관해 여러 전쟁터를 전전하면서도 독서에 몰두했다는 일화로 유명하다. 특히 역사와 정치 관련 도서를 집중적으로 탐독했는데, 에드워드 기번의 『로마제국흥망사』를 좋아했다. 급박하게 전개되는 역사의 흐름을 읽어내는 한편, 격조 높은 문장으로 연설문을 쓸 수 있었던 것도 독서 덕분이었다. 처칠은 1932년에 출간한 산문집에 실린 「취미」라는 글에서 이렇게 독서를 권한다.

설령 책이 당신의 친구가 되지는 못하더라도, 최소한 당신과 일면식이 있는 관계로 묶어둘 수는 있지 않은가. 설혹 책이 당신의 삶에서 친교의 범위 안으로 들어오지는 못한다 해도, 아는 체하며 가벼운 인사 정도는 반드시 하고 지낼 일이다.

처칠은 『제2차 세계대전』과 『영어 사용민의 역사』를 집필한 작가이기도 하다. 그는 '전기와 역사서에서 보여준 탁월함과 고양된 인간적 가치를 수호하기 위해 행한 훌륭한 연설'을 이유로 1953년 노벨문학상을 받았다. 보수적인 영국은 웬만해서는 정치인의 이름을 따서 학교 이름을 짓지 않는다. 그러나 현재 영국에는 처칠의 이름을 딴 초등학교가 10개교 이상이나 있다고 하니 영국에서 그의 평가가 어떠한지 잘 알 수 있다.

18세기 최고의 과학자 아이작 뉴턴은 이렇게 말했다.

"나는 어린 시절 지진아였다. 그때 교장 선생님에게 고전교육을 받았다. 그것이 나를 케임브리지 대학생이 될 수 있게 했다. 나의 노트에는 '플라톤과 아리스토텔레스는 나의 친구다'라고 적혀 있다."

독서는 더 이상 설명이 필요하지 않을 만큼 각자의 인생과 밀접한 관계가 있다.

어디서부터
시작해야 할까

독서도 인간처럼 유전학적인 진화과정을 알 수 있거나, 인간의 유전자처럼 DNA를 분석해 가장 좋은 방법을 찾아볼 수 있다면 좋을 것이다. 그렇게만 된다면 굳이 다양한 종류의 독서법이 존재할 이유가 없다.

독서는 어디서부터 어떻게 시작해야 할지 알기 어렵다. 누구에게나 똑같은 방식으로 적용할 수도 없고, 동일한 효과가 나타나지도 않는다.

시중에 나와 있는 많은 독서 관련 서적 중에 독서의 적기와 관련된 책들이 많다. 대부분이 어릴 때, 적어도 초등학교 6학년을 기준으로 12살 이내가 독서습관을 형성하기 가장 좋을 때라고 말한다. 그에 대한 근거로 저명한 학자의 이론을 제시한다.

지금은 4차 산업혁명 시대다. 기계가 인지능력을 가지고 자가발전하고, 매일 새로운 발견과 발명을 알리는 뉴스가 보도되는 시대에 이미 수십 년이 지난 이론을 무작정 우리 아이에게 적용하는 것은 바람직하지 않다. 독서도 내 아이의 특성에 따라 맞는 방식을 찾는 것이 중요하다.

독서는
개인차가 심하다

존 스튜어트 밀은 8세에 플라톤의 저서를 읽었다고 한다. 그런데 나는 안타깝게도 49세에 처음 플라톤을 접했다. 나는 13세에 세계문학을 처음 접하고 중학교 졸업할 때까지 100권이 넘는 문학책을 읽었지만, 과학이나 철학책은 단 한 권도 읽지 않았다.

모든 사람이 동일하게 적용되는 독서의 적기는 따로 없다. 어떤 사람은 과학 관련 분야의 독서를 할 때 처음에는 『코스모스』를 읽다가 궁금한 것이 생겨 점점 더 쉬운 과학책을 읽을 수 있다. 우리는 흔히 책을 읽을 때 난이도가 쉬운 것부터 읽어야 한다고 생각하기 쉽다. 그러나 그것은 잘못된 고정관념이다. 그 틀을 깨고 나오면 선택의 폭이 넓어진다. 독서에서 난이도를 평균적으로 측정한다는 것 자체가 모순이다. 독서 수준에서는 일정한 개인차가 있기 마련이다. 간혹 어려운 책을 보다가 이해가 안 되는 부분이 있다면 더 이해하기 쉬운 책을 선택해 도움을 받을 수 있다.

나는 아이들을 키울 때 보편적으로 적용하는 교육이론에 따라 키우려고 했다. 내가 대학 때 배운 교육학에서는, 아이들은 태어나서 3년 이내에 기억하는 어휘가 평생을 좌우해서 그 시기를 잘 보내지 못하면 지능에 영향을 미칠 수 있다고 했다. 그래서 나는 아이를 연년생으로 낳은 뒤 하던 일을 정리하고 아이가 만 4세가 될 때까지 아이들만 키웠다. 내가 엄마로서 해줄 수 있는 가장 중요한 일이라고 생각했기 때문이다.

이론에 나와 있는 대로 키우려고 하다 보니 시행착오가 많았다. 한 아이는 미술에 재능이 있고 한 아이는 무용과 영화에 관심이 많았는데 나는 몰랐다. 모든 아이는 각자의 빛깔과 개성을 지니고 있다는 사실을 그때는 왜 몰랐을까? 아이들이 다 성장한 뒤에야 알게 되었다. 나는 젊은 엄마들을 만날 때면 웃으면서 이야기해준다. 엄마가 되는 것은 미리 연습할 수 없어서 내 아이를 기르면서 배운 경험을 나보다 젊은 사람들에게 알려준다고.

자신에게 맞는 방식을 찾는 것이 중요하다

독서에 적기가 있다는 생각을 버리면 운신의 폭이 넓어진다. 모든 아이는 다르다. 개성이 다르고, 지능이 다르고, 감성과 이성의 온도 차가 제각각이다. 모든 과정을 평균적으로 적용할 수도 없고, 적용해서도 안 된다. 독서법 또한 마찬가지다. 자기에게 맞는 방법을 찾아 꾸준히 읽는 것이 중요하다.

첫째, 일생 중 가장 중요한 때는 언제인가? 지금.
둘째, 가장 중요한 사람은 누구인가? 지금 내 옆에 있는 사람.
셋째, 가장 중요한 일은 무엇인가? 지금 내가 하는 일.

톨스토이가 자신을 돌아볼 수 있도록 던진 '세 가지 질문'이다. 이 질문을 독서와 관련지어 던져보자. 우리 아이들에게 독서가 필요한 시기는 언제일까? 지금이다. 내 아이가 한 살이든 열 살이든 상관없이 지금부터 시작하는 것이 중요하다. 어릴수록 좋다는 것은 습관을 들이는 데 유리하기 때문이다.

어릴 때 몸에 밴 습관은 평생 가기 때문이다. 그렇다고 커서는 독서습관을 키울 수 없느냐 하면 아니다. 언제든 책 읽기의 즐거움을 알게 된다면 가능하다.

가장 중요한 사람은 누구인가? 바로 옆에 있는 부모다. 부모가 먼저 책을 읽고 책과 가까이하는 모습을 보이면 아이는 책과 친구가 될 수 있다. 책을 읽고 함께 질문하고 대화를 나눠보자. 주말에는 함께 도서관이나 서점 나들이를 다니는 등 책을 늘 가까이하는 삶을 산다면 굳이 책을 읽으라고 말하지 않아도 아이는 책을 찾아서 읽는다.

가장 중요한 일은 무엇인가? 지금 내가 읽고 싶은 책이다. 자신이 좋아하는 분야의 책을 찾아서 읽는 것이 첫걸음이다. 꼬리에 꼬리를 무는 독서법을 시작하려면 일단 자신이 재미있게 읽을 수 있는 책을 찾는다. 거기서 시작하면 된다. 그다음 책은 자연히 꼬리를 물고 이어진다.

독서는 개성이 강하면서 그 힘도 강하다. 우리 아이들에게 생각하는 힘을 키우는 미래의 저금통장이다. 그 통장에는 당장에 점수가 되지 않더라도 아이들의 꿈이 차곡차곡 쌓일 것이다.

꼬리 물기 독서법으로 꿈과 진로를 찾은 아이들

   내가 있는 도서관은 우리나라에서 교육 여건이 가장 좋다는 강남구 대치동에 있다. 이 책에 등장하는 아이들이 대부분 대치동에 있는 학교에 다니거나 특목고 학생이기 때문에 여기서 예로 든 사례가 보편적이지 않다고 말하는 사람들도 있다. 그러면 나는 웃으면서 말한다. "내가 있는 곳이 도서관이니, 만나는 사람도 도서관에 자주 오는 청소년들인 건 당연합니다."

   아이들은 공부를 하거나 책을 읽으러 도서관에 온다. 도서관에 들르는 아이들 중에서 도서관장과 친해지게 된 아이들은 어떤 아이들일까? 그만큼 도서관을 제집 드나들듯 하는 아이거나 부모가 도서관을 자주 오는 경우일 것이다.

   강남구 대치동, 왠지 이곳에서는 모두 좋은 대학에 갈 수 있을 것 같지만 꼭 그렇지만은 않다. 내가 본 대치동은 부모나 아이 모두 고단한 곳이다. 여기도 1등부터 꼴찌가 있고, 누구는 좋은 학교를 가지만 대부분의 아이들은 그렇지 않다. 공부가 최고의 가치로 여겨지는 대치동이라는 환경에서 공부보다 독서를 우선시하는 것이 어쩌면 도박처럼 보여질 수 있겠지만, 그렇지 않다는 것을 사례를 통해 증명하려고 한다.

사례1.
외교관을 꿈꾸는 아이

우리 도서관에 자랑할 만한 인문고전 독서토론 모임이 있다. 김한나 씨는 3년 전에 이 모임에 참여했다. 2011년에 시작해 올해 벌써 9년째 책을 읽으니 독서력이 막강한 사람들의 집단이라고 해도 지나치지 않다.

그렇지만 이들도 독서토론에 처음 참여할 때는 조용히 있거나 혹시 발제를 시킬까 봐 걱정이 돼서 눈을 피하곤 했다. 그런데 한나 씨는 달랐다. 처음 시작할 때는 30대로 가장 젊은 층에 속했는데 아주 당당하고 적극적이었다. 3년이 지난 지금은 이해가 간다. 늘 책을 읽었고 아이들을 독서로 키우고 있었기 때문에 그럴 수 있었던 것 같다. 한나 씨의 목소리로 듣는, 아들 민서를 키운 이야기다.

> **김민서**(대청중 2학년)**의 엄마 이야기**
> **책을 읽어주면서 키웠어요**

돌이켜보면 나는 무지한 엄마였다. 아이를 낳으면 저절로 모성이 생기는 줄 알았고 아이와 보낼 앞으로의 시간은 핑크빛으로 물들 것이라 생각했다.

민서가 태어난 그 날 그 어색함이 아이에게 미안할 정도였고, 아이를 먹이고 재우고 닦이느라 점차 지쳐갔다. 아이가 돌이 지날 무렵까지 다음 날 눈 뜨는 게 두려울 정도였다. 오늘은 또 어떻게 하루를 견뎌낼까 하며… 돌이 지나 민서는 놀라울 정도로 잠이 없어졌다. 결혼 전에 아이를 좋아하지 않던 나였는데 아무리 내 아이여도 그 또래 아이들과 시간을 보내기는 고역이었다. TV를 보여주며 시간을 보내볼까 하던 유혹에 시달리기도 했으나, 그래도 그건 아니라는 마음의 소리에 다른 방법을 찾기로 했다.

여러 방법을 찾다가 책 읽어주기를 선택했다. 몸 쓰기 싫어하는 나에게 적합한 활동인데, 아이에게도 유익한 활동이겠다 싶어 서점에 달려갔다. 돌 무렵 아이들에게 많이 읽힌다는 책을 추천받았다. 글줄이 너무 적어 성에 차지 않아 한 단계 더 높은 수준의 전집을 들였다. 그렇게 우리의 책 여행이 시작됐다. 그래서일까? 민서는 말이 빨랐다. 18개월 즈음에는 일상적인 간단한 대화가 될 정도였다. 나와 아이가 대화를 나누면 내 또래 엄마들이 놀라며 다가와 "아이가 몇 살이에요?"라며 확인했다. 한글도 빨리 익혔다. 30개월 무렵에는 혼자 책을 읽을 수 있었다.

그러나 바로 그 무렵, 한창 엄마와 독서를 즐길 때 동생이 태어났고 민서는 자연스레 책에서 멀어졌다. 엄마가 동생을 돌보다 지쳐 잠에 빠져들면 그 시간에 혼자 무얼 했는지는 아직도 미스터리다.

둘째가 기저귀를 뗄 무렵 다시 여유가 생겨 민서에게 책을 읽어주기 시작했다. 한글을 혼자 읽고 쓰는 데 아무 문제가 없었는데도 민서는 절대 혼자 책을 읽으려 하지 않았다. 엄마와 함께 읽고 싶어 했다. 작은 아이도 귀를 쫑

굿하고 들었다. 우리의 책 읽기는 그렇게 다시 시작되었다.

어느 날 허준에 관한 위인전을 읽던 중 민서가 "어? 엄마, 그거 이상한데? 전에 엄마랑 간 박물관에서 허준 할아버지 탄생 연도가 책이랑 다른데?" 해서 인터넷으로 찾아봤더니 민서의 말이 맞았다. 바로 출판사에 연락해서 나중에 가장 먼저 수정본을 받기도 했다.

초등 1학년부터 2학년 말까지 집에서 민서에게 했던 교육은 책 읽기와 피아노가 전부였다. 민서는 3학년이 시작되기 전 아빠가 베트남에 주재원으로 발령이 나서 함께 베트남으로 갔다. 베트남 호찌민시에서 민서는 누구보다 잘 적응했다. 하루하루 기쁨에 찬 아이의 얼굴이 아직도 눈에 선하다. 특히 피아노는 선생님들과 전교 학생들에게 민서를 알리는 계기가 되었다. 학교 대강당 무대에서 민서가 쇼팽을 칠 때 선생님들은 연거푸 탄성을 질렀다.

그렇게 즐거운 시간을 보내며 몇 개월이 흐른 뒤 한 사건이 벌어졌다. 국제학교에 다니며 다양한 나라의 친구들과 수업했는데, 지리 시간에 선생님이 자기 나라를 소개하는 PPT 자료를 준비해 친구들 앞에서 발표하라고 했다. 민서는 꼼꼼히 발표 준비를 했다. 그런데 수업을 마친 아이들을 데리러 갔을 때 민서의 표정이 좋지 않았다.

"왜 그래? 민서야, 무슨 일 있었어?"

"엄마, 오늘 내가 대한민국을 발표하면서 독도 얘기를 했는데 일본 친구가 독도는 일본 거라 그랬어."

예민한 부분이라 생각이 많아졌다. 그 친구의 얼굴이 떠올랐다. 엄마도 아이도 모두 너무나 친절하고 따뜻한 가족이었다. 어떻게 대답할까 하다가 "그래서 민서는 뭐라고 했어?"라고 물었다.

"너네 나라가 우기는 거라고. 원래 독도는 대한민국 거라고 했어." 아이의 야무진 대답이 돌아왔다.

"선생님은 뭐라고 하셔?"

"아무 말 안 하시고 다른 친구들은 왜 너희들 두 나라는 맨날 그것 가지고 싸우냐고 친하게 지내랬어."

분이 안 풀린 아이의 얼굴을 보니 안쓰러웠다. 이 문제를 매듭짓지 않으면 아이가 계속 힘들어할 것 같았다.

나는 고민하다가 선생님께 발표 기회를 한 번 더 달라고 부탁했다. 그리고 아이에게 제안했다.

"민서야, 왜 독도가 대한민국 영토인지 책에서 찾아 설명해주자. 어때?"

아이는 엄마의 의견을 따랐고, 한국에서 올 때 사 온 독도에 관한 책들을 열심히 공부해 다시 자료를 만들어 발표했다. 발표하고 나온 아이의 얼굴이 밝았다. 일본 친구는 독도에만 사는 '괭이갈매기'도 몰랐고, 독도가 몇 개의 섬으로 이루어졌는지, 독도에 어떤 생물이 있는지 하나도 모른다고 했다. 그 렇게 모르면서 어떻게 일본 거라 우기냐는 아이의 말에 그 친구는 대답하지 못했다.

민서는 지하철의 영향으로 한국지리에 밝다. 아이는 이제 세계지리와 세계 사로 관심 영역을 넓혀갔다. 다른 나라를 궁금해했고, 그 나라 사람들의 문 화와 역사를 열심히 읽어갔다. 또한 대한민국을 다시 생각하게 되었고, 세계 속에 우리의 위치를 돌아보고 우리의 역사와 철학을 탐독하기 시작했다.

민서는 베트남에서 한국의 아버지에게 버림받은 아이들의 이야기를 듣고 그들을 위해 일주일에 한 번씩 봉사활동을 했다. 그러면서 '인간'이 무엇인지, 아픔이 없는 세상이 무엇인지 물었고 힘없는 나라에 관한 책들과 제국주의의 역사와 노예, 지금의 불평등이 어디서 기인했는지 알려주는 책들을 가까이했다. 이는 지금까지 이어져 아이는 수학, 과학 서적보다 철학, 역사 등 인문학에 더 관심이 많다.

4학년이 시작될 무렵 다시 한국에 들어왔고, 예술의 전당에서 다시 피아노를 배운다. 많은 사람이 예술중학교에 가리라고 생각했지만, 5학년이 된 민서는 '난 세계와 대한민국을 잇는 외교관이 되고 싶다'고 이야기했다.

따로 사교육을 받지 않았던 민서는 요즘 수학과 영어 학원에 다닌다. 본인의 꿈을 위해 좋아하진 않지만 스스로 선택했다. 중학교 2학년이 되어 마음껏 책을 읽기 힘들 만큼 바쁘게 생활하지만, 책 읽는 시간을 포기하지 않는다. 그렇게 독서를 통해 자신의 꿈을 찾아간다. 민서는 외교관을 꿈꾸며 세계를 무대로 대한민국의 위상을 높이고, 세계 평화에 이바지하겠다는 야심 찬 포부를 간직하고 한 걸음 한 걸음 나아간다.

민서의 이야기
꼬리 물기 독서로 진로와 꿈을 찾았어요

사회 수업 중 전 세계 기아 사망률 그래프를 보고 충격을 받았다. 그에 관해 더 알고 싶어 『왜 세계의 절반은 굶주리는가』를 선생님께 추천받아 읽었는데, 굶주림은 불평등한 분배의 문제라는 현실을 알게 되었다. 불평등 문제에 관심을 갖고 『왜 우리는 불평등해졌는가』를 찾아 읽은 후 150년 전 영국의 산업혁명이 불평등을 키운 주요 원인이었던 것처럼, 지금의 불평등도 기술의 발전으로 인해 발생한다고 생각했다.

또 우리가 사는 사회는 과연 공정한지를 고민하던 중 『그러니까 이게, 사회라고요?』를 읽었다. 불평등은 전 세계인의 고질병이라는 점을 책을 통해 절감했다.

학생이라는 제 위치에서 정의롭고 평등한 세상을 만들려면 무엇을 해야 할지를 고민하다 『공정한 무역, 가능한 일인가?』를 읽었다. 내가 쓴 돈이 강대국의 기업이 아니라 노동자들에게 더 많이 돌아가게 하려면 이를 추구하는 공정무역 제품을 사용하고 상품의 출처가 올바른지 확인해야 한다는 점을 깨달았다. 지금은 간식으로 먹는 초콜릿을 살 때도 꼭 공정무역 제품인지 확인한다. 이런 식으로 관심이 있는 책들을 찾아서 읽다가 내 꿈이 확실해졌다.

어릴 때부터 외국 문화와 국제 이슈에 관심이 많았다. 세계지도를 펼쳐놓고 가고 싶은 나라를 찾아보거나 『먼 나라 이웃 나라』, 『세계사를 보다』 등 외국의 역사나 문화를 다룬 책을 자주 봤다. 초등학교 2학년을 마치고 주재원으로 파견된 아버지를 따라 가족이 1년간 베트남에서 생활했다. 그 시절은 국제학교에서 세계 각국의 친구들과 교류하며 세계시민 의식을 높일 수 있었던 기회가 되었다.

또한 삶의 좌우명이 '쓸모 있는 사람이 되자'인 어머니의 뜻에 따라, 어릴 때 예술의 전당에서 피아노를 배운 경험을 살려 호찌민시에서 한국인 아버지에게 버림받은 한-베 가정 아이들에게 매주 한국 동요를 지도하는 봉사를 했다. 아이들에게 한국에 대한 인식을 조금이나마 따스하게 바꿔놓았음에 보람과 긍지를 느꼈다.

그 봉사 경험은 내게 다른 이를 위한 이타적인 삶을 배울 기회를 주었으며, 동시에 '인간이란 무엇인가?'라는 원초적 질문을 스스로에게 던지는 계기가 되기도 했다. 어떻게 자신의 아이를 버릴 수 있는가? 사람이 왜 사람에게 이렇게 큰 상처를 줄까? 이런 생각으로 고민할 때, 선생님께서 추천해주신 책이 『왜 세계의 절반은 굶주리는가?』였다. 나는 그 책을 읽고 세상의 아픔과 불평등을 더 깊게 고민하게 됐다. 책을 통해 이 모든 것은 분배의 문제라는 현실을 인식하게 되었다.

세계와 우리나라에서 내가 꿈꾸는 공정한 사회, 아픔이 없는 세상을 이루려면 어떻게 해야 할지 고민하다가 이를 실천할 수 있는 직업을 찾아보았다. 그중 외교관을 꿈꾸게 되었다. 세계와 우리를 잇는 외교관이 하는 일을 알아보니 매우 다양한 분야의 지식이 필요했다. 전쟁이나 무역 분쟁, 난민, 기아 등 세계 문제에 관심을 갖고 소양을 쌓으려고 관련 책들을 꾸준히 읽어가는 중이다.

『왜 세계의 절반은 굶주리는가』

날짜	2019.0.0.
나의 관심 분야	공정한 사회
관심을 갖게 된 이유	베트남에서 한-베 가족들을 위한 봉사활동을 하면서 '인간이란 무엇인가?'라는 원초적 질문을 하게 되었다. '어떻게 자신의 아이를 버릴 수 있는가.' '사람이 왜 사람에게 이렇게 큰 상처를 주는 것일까?'라는 생각에서 불평등에 대해 관심을 갖게 되었다.

도서 정보	서명	저자	출판사	발행연도
	왜 세계의 절반은 굶주리는가	장 지글러	갈라파고스	2007

도서 키워드	기아	분배	정의	평등

| 중심 내용 | 다국적 기업의 남반구 농경지 약탈, 식량투기꾼들의 주식을 대상으로 한 투기, 어마어마한 양의 곡물을 태워 만드는 농업연료, 유럽 연합이 세계 식량 시장에서 자행하는 농업 덤핑 정책 등 이 세계를 지배하는 살인적 체제와 구조적 폭력성은 여전히 진행 중이다. 이로 인한 희생자들은 매년 증가하고 있다. 지글러는 온 인류를 먹이고도 남을 식량이 있는 지금, 기아로 인한 죽음에는 어떠한 필연성도 없으며 기아로 죽는 어린아이는 살해당하는 것과 같다고 주장한다. 기아 희생자들과 우리의 차이는 그저 '출생의 우연'뿐이다. |

	저자는 이런 비극을 막기 위해 민주 시민들이 분연히 떨쳐 일어서기를 촉구한다. 우리가 조직적으로 행동에 나서 농업 덤핑이나 주식을 대상으로 하는 거래소발 투기, 농업 연료 제조업자들로 인한 식량 파괴, 금융자본 포식자들에 의한 빈곤 국가에서의 경작지 남획 금지 조치를 얻어낸다면 굶주림으로 죽어가는 수많은 사람을 구할 수 있다고 주장한다.
인상 깊었던 책 속 내용	"현재로서는 문제의 핵심이 사회 구조에 있단다. 식량 자체는 풍부하게 있는데도, 가난한 사람들에게는 그것을 확보할 경제적 수단이 없어. 그런 식으로 식량이 불공평하게 분배되는 바람에 안타깝게도 매년 수백만의 인구가 굶어 죽고 있는 거야." (본문 중에서)
독서 후 나의 생각	다국적 기업과 강대국 위주로 돌아가는 온기 없는 시장질서와 그로 인한 파괴적 상황을 극복하고 지구상에서 기아를 종식하려면 국제적인 정치개혁이 필요하다. 지글러는 기아의 고통 앞에서 이 책을 읽는 모든 이가 무심해지지 말아 달라고 호소하며, 인류가 불평등한 구조를 넘어서기 위해 서로 돕고 연대하기를 희망한다. 우리가 하지 않으면 아무도 그 일을 하려 하지 않을 것이다. 인간만이 다른 사람이 처한 고통에 함께 아파할 수 있는 유일한 동물이기 때문이다.
이 책과 함께 읽고 싶은 책	1. 『설탕의 세계사』(가와기타 미노루) 2. 『그러니까 이게, 사회라고요』(박민영) 3. 『공정한 무역, 가능한 일인가』(데이비드 랜섬)
다음에 읽어보고 싶은 주제 분야	- 사람들을 이해할 수 있는 고전 인문학 - 지구의 환경을 지키기 위한 환경 관련 책

외교관이라는 나의 목표는 어쩌면 나의 진로 중 마지막 도착지가 아닐 수 있다. 내가 거쳐 갈 직업 중 하나일지도 모른다. 나와 친구들이 성인이 되면 평균 수명이 140세 이상이 된다고도 하고, 한 사람이 평생에 걸쳐 5가지 이상의 직업을 갖게 될 것이라고 전망하기도 한다.

그렇다면 더 긴 시각으로 나의 꿈을 생각해보고, 더 넓은 시야로 세상을 들여다봐야 할 것이다. 다양하고 많은 경험을 해보는 것만큼 삶을 아름답게 가꿀 수 있는 것은 없다. 하지만 학교와 학원을 오가며 사는 현재의 나에게는 그런 시간적 여유가 충분하지 않다.

그렇다면 가장 좋은 방법은 '독서'뿐이다. 다른 이들의 다양한 생각과 수많은 경험을 간접적으로나마 접해볼 수 있는 최고의 방법인 독서는 나를 2,000년 전 그리스의 소크라테스와도 만나게 해주고, 나에게 동양의 스승 공자의 사상도 전해준다. 시간을 넘어 공간까지 넘나드는 독서의 세계는 얼마 전 나와 독서 모임 친구들을 유발 하라리의 『사피엔스』 속으로 안내했다.

외교는 나라와 나라의 일이지만 결국 사람의 일이다. 앞으로 나는 더 많은 인문학 서적을 통해 '사람'에 대해 알아갈 것이다. 철학과 역사를 두루 읽고 싶고, 『돈키호테』, 『안나 카레니나』 같은 고전을 통해 옛사람의 삶을 들여다보고 싶다. 우리의 고전도 빼놓아선 안 된다. 『목민심서』는 언젠가는 꼭 읽을 나의 독서 리스트 중 하나다.

지구 없이는 인간도 없다. 환경 문제도 빼놓을 수 없는 중요한 독서 주제다. 환경 도서를 읽는 것에서 그치지 않고 환경보호를 실천하는 내가 될 것이다.

혼자 가면 힘들고 지칠 수 있다. 그래서 지금 나와 친구들은 서로 응원하고 격려하며 혼자서는 읽기 힘든 책들을 함께 읽고 있다. 나 혼자 읽는 책은 나 하나만의 생각에서 그치지만 5명이 한 권을 함께 읽으면 5가지 다양한 생각이 나를 더욱 풍요롭게 해준다. 고등학교에 가게 되면 더 시간이 없을지도 모르지만, 독서 모임은 꼭 유지하며 함께하고 싶다.

내가 읽은 책 한 권 한 권이 모여 나를 만들어갈 것이다. 멋진 어른이 될 그 날을 위해 책과 함께 손잡고 갈 것이다.

사례 2.
천문학자의 꿈을 되찾은 아이

평소 도서관에서 만나 알고 지내던 어머니의 소개로 동기 어머니가 나를 찾아왔다. 아들이 누구나 부러워할 서울과학고등학교에 들어갔는데 고민이 너무 많아 상담하고 싶다고 했다. 내가 뭘 해줄 수 있을지 모르겠지만 일단 만나기로 했다.

나는 그녀를 보자마자 축하의 말부터 건넸다.

"어머니 축하드려요. 대한민국에서 공부를 제일 잘하는 아이들이 가는 학교가 서울과학고등학교잖아요?"

"아니에요, 사실 동기가 너무 힘들어해요."

"아니, 왜요?"

"동기는 그냥 중학교 때 공부를 잘했어요. 공부를 잘하니까 담임선생님도 권했고, 그래서 별생각 없이 과고에 갔는데 장난이 아닌 것 같아요."

"아무래도 공부 천재들이 가는 학교니까 경쟁이 무척 심하겠지요."

"네, 너무 힘들어요. 그 애들은 이미 어릴 때부터 서울대를 목표로 스케줄을 짜서 공부를 시킨다고 하더라고요."

"그럼 동기도 그런 팀에서 함께하면 되잖아요."

갑자기 동기 엄마의 눈에서 눈물이 툭 떨어졌다. 억지로 미소를 지었지만 눈에는 눈물이 가득했다. 내가 당황하며 물었다.

"어머니, 왜 울어요?"

"우린 못 들어가요. 이미 자기들끼리 팀이 다 있어요. 우린 비용도 감당 못 해요."

동기가 그 학교에 간 것은 기뻤지만 기쁨도 잠시, 그 안에서의 경쟁은 상상을 초월했다. 얼마 전 화제가 됐던 드라마 「스카이캐슬」의 현실판이었다. 동기 어머니는 나에게 부탁이 하나 있다고 했다.

"동기가 자원봉사 시간이 부족해요. 도서관에서 봉사할 수 있을까요?"

나는 일단 동기를 만나보고 싶었다. 동기에게 본인이 뭘 하고 싶은지 물어보고, 만나서 이야기할 수 있게 해달라고 했다.

며칠 후 동기를 만났다. 동기는 통통하고 성격이 좋아 보이는 아이였지만 좀처럼 웃지 않았다. 나는 동기에게 물었다.

"동기야, 자원봉사로 뭘 해보고 싶니?"

"이게 제가 송파도서관에서 여름방학 때 어린이들을 대상으로 가르친 과학교육 커리큘럼이에요."

"네가 제일 좋아하는 일이야?"

"그런 건 아닌데 지난번 도서관에서 봉사할 때 하던 거라서 가져왔어요."

"그래, 아이들에게 좋을 것 같네. 근데 너는 뭘 좋아해?"

동기는 한참 생각하더니 "저는 별을 좋아해요"라고 말했다.

"아 그래, 그럼 그걸 하자. 그래야 너도 신나지."

"진짜 그래도 돼요?"

"그럼, 그래도 돼. 대신 조건이 있어."

"아, 네."

"프로그램의 이름은 내가 지어줄 거야, 너는 아무것도 생각하지 말고 네가 할 것만 생각해. 그 시간만이라도 너 스스로 행복한 것을 준비해오면 돼. 누구도 가르치지 말고, 함께 즐거운 걸 하자."

그렇게 해서 대치도서관에 청소년 과학동아리 '하늘연구소'가 생겼다. 동기는 고등학교 2학년부터 3학년인 8월까지 이 동아리의 리더로 활동했다. 어머니는 이제 걱정하지 않는다. 아들이 꿈이 생기고 진로를 결정했기 때문이다. 동기와 다른 아이들은 2년 동안 천천히 칼 세이건의 『코스모스』와 우리나라 별 박사 이명현의 『별 헤는 밤』을 함께 읽었다. 이를 계기로 동기는 자신이 어렸을 때 별을 무척 좋아했던 사실을 떠올렸고, 지금은 천문학자가 되기로 진로를 정했다. 동기 이야기를 한번 들어보자.

홍동기(서울과학고 3학년)의 이야기
동아리 필독서로 우주에 눈을 뜨고 천문학자를 꿈꾸다

중학교 1학년 자유학기 때 천문학 동아리에서 활동했다. 동아리 필독서인 칼 세이건의 『코스모스』를 읽고 우주의 신비에 눈뜨게 되었다. 그 책을 다시 대치도서관 청소년 과학동아리 주제 도서로 또 읽으면서 완전히 우주에 매료되었다. 태초의 우주와 생명의 진화, 우주로의 여행을 장엄하면서도 아름답게 표현되어 있어서 너무 좋았다. 인간과 우주의 관계를 더 깊게 알고 싶어 『평행우주』를 읽었다. SF소설이나 할리우드 영화를 예로 들어가면서 평행우주나 다중우주 등 현대 우주론을 흥미롭게 풀어내어 재미있었다. 이 책을 읽고 '시간여행은 가능한가? 우리가 사는 우주에서 다른 우주로 이동할 수 있는가?' 등이 궁금해졌다.

우주와 물질, 시간과 공간의 역사처럼 자칫 이해하기 힘든 이야기를 그림을 곁들여 쉽게 설명한 스티븐 호킹의 『시간의 역사』를 읽고선 블랙홀의 매력에 빠져들었다. 『블랙홀 화이트홀』을 통해서는 빛마저 삼키는 블랙홀도 있지만, 무엇이든 뱉어버리는 화이트홀이 존재한다는 점도 알게 되었다. 블랙홀은 중력이 강하고 어두운 데다 너무 멀리 있어 직접 보기는 힘들다. 얼마 전 사건지평선망원경(EHT) 연구진이 8개 대륙에 있는 전파망원경을 통해 인류 최초로 블랙홀을 관측한 영상을 2019년 4월에 공개하면서 우주 속에 블랙홀이 있다는 사실을 증명했다.

우주의 과거와 현재 그리고 미래까지, 137억 년의 역동적인 우주 역사를 모두 담아낸 천문학자 이석영의 『빅뱅 우주론 강의』를 읽고 천문학자를 꿈꾸게 되었다.

『코스모스』

날짜	2019.0.0.			
나의 관심 분야	광활한 우주			
관심을 갖게 된 이유	독서동아리 필독서로 코스모스를 읽고 나서 관심이 생겨 다시 읽고 싶어졌다.			
도서 정보	서명	저자	출판사	발행연도
	코스모스	칼 세이건	사이언스북스	2006
도서 키워드	코스모스	우주	빅뱅	별
중심 내용	이 책은 1980년 9월 28일 첫 방영된 「코스모스」라는 다큐멘터리를 700페이지에 달하는 단행본으로 출판한 것이다. 현대 천문학을 대표하는 저명한 과학자인 칼 세이건은 이 책에서 사람들의 상상력을 사로잡고, 난해한 개념을 명쾌하게 해설했다. 그는 에라토스테네스, 데모크리토스, 히파티아, 케플러, 갈릴레오, 뉴턴, 다윈 같은 과학의 탐험가들이 개척해놓은 길을 따라가며 과거, 현재, 미래의 과학이 이뤘고, 이루고 있으며, 앞으로 이룰 성과들을 알기 쉽게 풀이해주었다. 이 책은 모두 13개 장으로 구성되어 있으며, 칼 세이건은 10조 개의 별들을 품은 은하가 10조 개 있는 광막한 대우주의 세계에서 은하수 은하의 변방, 자그마한 노란색 별 태양이 이끄는 태양계의 한구석에서 창백하게 빛나는 지구에 이르기까지 코스모스에 대해 우리 인류가 알게 된 것들, 알게 된 과정들, 그리고 알아갈 것들을 소개한다. 그것이 궁극적으로 우리 자신을 알기 위한 것임을 설득력 있게 보여준다. 「코스모스」는 과학에 인문학을 접목한 최초의 과학서이기도 하다.			

인상 깊었던 책 속 내용	"우리도 코스모스의 일부다. 이것은 결코 시적 수사가 아니다. 인간과 우주는 가장 근본적인 의미에서 연결돼 있다. 인류는 코스모스에서 태어났으며 인류의 장차 운명도 코스모스와 깊게 관련돼 있다. 인류 진화의 역사에 있었던 대사건들뿐 아니라 아주 사소하고 하찮은 일들까지도 따지고 보면 하나같이 우리를 둘러싼 우주의 기원에 그 뿌리가 닿아 있다. 독자들은 이 책에서 우주적 관점에서 본 인간의 본질과 만나게 될 것이다."
독서 후 나의 생각	코스모스는 과학 이론을 소설 문장처럼 표현해 읽기 쉬웠다. 즐겁게 읽은 경험이 강렬하게 남아, 나중에 좀 더 전문적인 과학 서적을 찾아 읽을 때도 책 내용을 친근하게 받아들인 것 같다. 우주의 탄생부터 은하계의 진화, 우주를 떠돌던 먼지가 의식 있는 생명이 되는 과정, 외계 생명의 존재 문제 등은 우리에게 많은 상상을 가능하게 해준다. 과학적 지식을 문학작품처럼 풀어내 나와 같은 청소년도 편하게 읽을 수 있다.
이 책과 함께 읽고 싶은 책	1. 『평행우주』(미치오 카쿠) 2. 『시간의 역사』(스티븐 호킹) 3. 『빅뱅 우주론 강의』(이석영)
다음에 읽어보고 싶은 주제 분야	- 그리스 고전 철학서 - 인류의 진화에 관련된 책들

원래 우주에 관심이 많았고, 중학교 때 별과 별자리를 알아보려 책을 찾기 시작했다. 그러다 칼 세이건의 『코스모스』를 읽고, 좀 더 본격적으로 천문 현상을 비롯해 우주에 빠져들었다. 이후 우주와 관련된 여러 최신 이론을 다룬 책들을 차례로 읽으면서 천문학자라는 진로를 세우고, 좀 더 깊게 공부하고 싶어 과학고에 진학했다. 특히 『코스모스』는 과학 이론을 소설 문장처럼 표현해 읽기 쉬웠다. 즐겁게 읽은 경험이 강렬하게 남아, 나중에 좀 더 전문적인 과학 서적을 찾아 읽을 때도 책 내용을 친근하게 받아들인 것 같다.

나는 책을 아주 꼼꼼하게 읽는 편이다. 본문은 물론 작가 소개나 옮긴이의 글, 출판연도까지 주의 깊게 본다. 특히 과학 관련 서적은 작가나 출판연도를 확인하는 것이 중요하다고 생각한다. 과학은 오늘도 뛰어간다는 말이 있을 정도로 발전 속도가 빠르다. 내가 알던 어제의 과학지식이 오늘은 다른 것으로 대체되었을 수도 있기 때문이다. 책을 읽을 때 작가에 대해서 알고 있어야만 작가가 어떤 상황에서 어떤 의도로 썼는지 알 수 있다. 책의 내용을 이해하는 데 매우 중요한 요소다.

책을 혼자 읽기 어려울 때는 함께 읽는 것이 도움이 된다. 나의 경우 천문학 관련 도서를 대치도서관에서 초등학생들과 함께 읽는다. 도서관에서 천문학을 좋아하는 나를 위해 '하늘연구소'라는 프로그램을 만들어주었다. 나는 초등학생들의 멘토로 활동 중이다. 단순히 정보를 안다고 생각할 때, 스스로 어디가 부족한지 알기란 어렵다. 그럴 때는 다른 사람과 함께 이야기하는 것이 좋다고 생각한다. 남들과 생각을 공유하다 보면 잘 모르던 것을 알게 되고, 대충 알던 것도 확실히 알게 된다. 이것이 공동 독서의 좋은 점이다.

　나는 초등학생들과 함께하고 있어서 가능하면 책의 내용을 정확하게 설명하려고 노력한다. 최고의 학습은 내 친구의 선생이 되는 것이라는 말이 있다. 너무 어렵거나 복잡하면 어린 친구들이 이해할 수 없기 때문에, 그들이 이해할 수 있는 선에서 정보를 전달하다 보니 오히려 내가 나를 이해시키는 재미있는 현상이 일어나기도 한다. 이것이 함께 읽는 공동 독서의 힘인 것 같다. 어렵다고 느끼면 나 혼자 해결하려고 하지 말고, 함께하는 친구들의 의견을 들어보면 여러 가지 새로운 의미를 배우게 된다. 이러한 과정을 거치다 보니 내가 아는 정보를 한 번 더 다듬을 수 있었다.

사례 3.
과학책 읽기를 통해 꿈을 찾다

태관이는 이른바 금수저다. 처음에는 몰랐다. 태관이 엄마는 열심히 도서관을 다니며 책도 열심히 읽고 언제나 친절해서 우리는 장난으로 '친절한 현민 씨'라고 불렀다. 도서관에서 무슨 행사가 있으면 적극적으로 도와주며 도서관 선생님들과도 가깝게 지낸다. 외부에서 진행하는 탐방이나 축제를 할 때는 힘 쓰는 일이 많은데 여자들만 있는 도서관이라 도움이 절대적으로 필요할 때가 있는데, 그럴 때면 태관이 아버지가 나서서 적극적으로 도왔다. 언제나 가족이 함께하는 데다 특히 독서를 열심히 하는 가족이라 내심 부러웠다. 나중에 알았는데 아버지가 서울 법대를 졸업하고 현재는 우리나라 3대 로펌 중 한 곳에서 팀장 변호사로 일하는 분이었다.

태관이는 과학자가 되고 싶어 했다. 집이 강남구 도곡동인데 혼자 부산에 있는 과학고등학교에 다니고 있다. 자기가 독립적으로 살아보고 싶어서 그런 것 같다고 엄마가 살짝 귀띔해주었다. 이제 2학년인 태관이가 어떤 계기로 과학자가 되고 싶었는지 물어보았더니 책을 읽고 진로를 결정했다고 한다. 태관이는 과학자가 되어 자신이 꿈꾸던 공평한 세상을 만드는 데 기여하고 싶단다. 그런데 꿈을 정하고 나니 자신이 하려는 과학이 매일매일 달라지고 변해서 숨이 차다고 한다. 태관이 이야기를 들어보자.

기태관(부산영재고 2학년)**의 이야기**
매일매일 달라지는 과학 때문에 숨이 차요

부모님의 노력으로 어릴 때부터 과학 관련 서적을 많이 읽었다. 유치원생일 때는 과학 관련 만화책을 주로 읽었는데, 이야기 중간중간에 과학 지식이 들어간 책들이었다. 이러한 독서 활동을 통한 과학과 나의 첫 만남은 설렘이 가득했다. 초등학생이 되면서부터는 과학과 관련된 책을 더 많이 읽었다. 이때 과학에 대한 흥미가 더 커졌다. 장래에 과학과 관련된 직업을 갖기로 다짐한 것도 이 무렵부터다.

과학 분야 연구자가 되겠다고 생각한 뒤 더 많은 경험을 쌓기로 했다. 다양한 과학경연대회나 관련 토론대회 같은 활동에 참여했고, 과학 관련 서적을 집중적으로 읽기 시작했다. 그렇지만 내가 직접 경험할 수 있는 것에는 한계가 있었다. 특히 하루가 다르게 진화하는 발전의 속도를 책 이외의 방법으로 따라가기가 어려웠다. 가끔은 어머니가 진행하는 「청소년 고전 읽기」 프로그램에서 과학 관련 토론 수업의 조교로도 참여해보고, 초·중학생들을 대상으로 하는 과학 캠프의 멘토로도 참여해봤다. 앞으로도 나는 독서를 통해 나를 최대한 발전시키며, 과학 연구자가 되기 위한 경험을 계속 쌓아갈 것이다.

	도서명	저자	키워드
1	파인만, 과학을 웃겨주세요	김성화, 권수진	리처드 파인만, 양자역학, 과학
2	36.5도의 과학기술: 적정기술	나눔과 기술	적정기술, 가난, 과학기술
3	침묵의 봄	레이첼 카슨	살충제, 자연, 화학물질
4	구글 신은 모든 것을 알고 있다	카이스트 교수들	복잡계, 네트워크, 유전, DNA, 암호, 양자 암호

* 자세한 독서리포트는 부록에 첨부함.

　　과학자, 연구자로서의 꿈을 이루려면 나는 앞으로 더 많은 경험을 하고 과학기술에 관한 관심을 더 키워야 할 것이다.

　　과학이라는 학문은 물리, 화학, 생물처럼 영역이 분리되었지만 서로 밀접하게 관련되어 있다. 과학기술의 발전 속도는 눈부시게 빠르다. 얼마 전에 한계점을 맞긴 했지만, '황의 법칙'이나 '무어의 법칙'(마이크로칩의 밀도가 24개월마다 2배로 늘어난다는 법칙. 페어차일드의 연구원으로 있던 고든 무어(Gordon Moore)가 주장했다)처럼 1년 혹은 24개월이라는 짧은 세월에 메모리 반도체의 집적도가 2배가 되는 기술 발전이 나타난다. 해가 지날 때마다 과학기술은 급격히 발전하고 무수히 많은 새로운 정보들이 교류된다. 매년 화제가 되는 연구 분야가 바뀌고, 기존의 주제가 융합되는 등 새로운 연구 주제가 생긴다.

이렇게 급변하는 과학 환경 속에서 연구에 성과를 내려면 더 많은 정보 습득과 더 많은 경험이 요구된다. 이를 통해 과학을 바라보는 시각을 넓히고, 창의적이고 혁신적인 연구 주제를 설정할 수 있다. 하지만 입시를 앞둔 고등학생이 직접 경험을 한다는 것은 쉽지 않다. 이런 현실적인 상황에서 경험을 쌓고 정보를 얻는 가장 효율적인 방법은 독서다.

책은 수많은 정보를 담고 있다. 인류가 발전하면서 축적해온 역사와 정보들이 책에 담겨 있다. 많은 사람이 다양한 관점으로 바라본 엄청난 양의 정보가 책에 있기 때문에 독서를 하면 정보량도 늘어나고 시야도 넓어진다. 책을 읽으면서 더 깊게 생각하게 되어 지혜로워지기도 한다. 이렇게 장점이 많음에도 불구하고 요즘 학생들은 독서 활동을 점점 안 하는 추세다. 학교 공부는 물론이고 휴대폰 같은 전자기기와 중독성이 강한 앱들에 시간을 뺏겨 여유롭게 책을 읽을 시간이 없다. 그렇지만 나는 시간 배분을 잘해서 틈틈이 독서 활동을 할 것이다.

나의 미래는 아직 정해져 있지 않다. 지금 이 순간에도 나와 이 세상은 빠르게 변하고 있다. 내가 지금 생각하는 연구 주제가 몇 년 후에는 많이 진척될 수 있고, 더는 연구할 필요가 없을 수도 있다. 반면, 아무도 관심 없던 분야가 갑자기 뜰 수 있고, 여러 분야가 융합된 새로운 주제가 주목받을 수도 있다. 다가오는 미래에 내가 연구자로 성공하기 위해 남은 고등학교 2년 동안 더 많은 독서와 활동으로 나 자신을 개발할 것이다.

사례 4.
내가 계속 책을 읽는 이유

유나는 늦둥이다. 늦둥이의 특징은 일단 사랑을 많이 받는다는 점이다. 부모는 이미 아이를 키워본 경험이 있어서 더 혹독하게 공부를 시키거나 첫 아이보다는 자유롭게 키우고 싶어 한다. 큰애가 공부를 잘한 경우는 대부분 조금 유연해진다. 유나가 그런 경우다. 유나는 선입견이 없었다. 자유학기제에서 누구보다 창의적인 생각으로 팀별 과제를 잘 해내고, 대부분의 학생이 학원에 다니는 대치동에서 자유롭게 학교생활을 했다. 아이가 정말 행복하게 학교를 다녔으면 하는 엄마의 노력이 통했다. 그러다 보니 아이는 행복한데 우리나라 교육이 딱 거기까지, 초등학교 때까지만 이런 교육이 가능한 것이 고민이 되었다.

| 이유나(숙명여고 2학년)의 이야기
| 독서에 흥미를 잃다

초등학교 저학년 때는 책 읽기를 좋아했다. 그림책이나 동화를 한번 펴면 몇 시간이고 읽었다. 하지만 고학년이 되면서부터는 책을 읽는 것보다 더 재밌는 것들이 많아졌다. 친구들과 집 앞 공원에서 뛰어노는 것, 부모님과 과천 국립과학관에 가서 과학 체험을 하는 것이 독서보다 재미있었다. 학교에

서 친구들과 연극 활동을 하며 영어 연극대회에 나갔던 것, 영어 말하기 대회에 참가하고 수상한 것도 마찬가지였다. 가만히 앉아 있기보다 밖에 나가서 친구들과 함께 활동하는 일이 성향에 맞았다.

책을 멀리한 것은 그 때문이었다. 어쩌다 독서를 해도 스토리 위주로만 읽다 보니 속뜻을 생각해보지 못했고, 깊이 있는 독서가 안 됐다. 초등학교 5학년 말에 태국의 국제학교에 가게 되면서부터는 책을 제대로 읽을 시간조차 없었다. 타지 생활에 적응하고 영어 공부를 하느라 시간이 부족했다. 태국 생활을 끝내고 바로 강남으로 이사 왔다. 외국에 다녀온 공백을 메우기 위해 학교와 학원에 다니면서 학업에 집중해야 했다. 활동적 성향뿐 아니라 생활환경의 변화까지, 독서를 방해하는 요인은 셀 수 없이 많았다.

책 읽기와 글쓰기가 힘들어지기 시작한 중학교 시절, 우연한 기회에 강남구에서 개최한 논술대회에 참가했다. 30개교에서 모인 초·중·고생이 모두 같은 책을 읽고 논술문을 제출하는 형식이었다. 불특정 다수를 대상으로 강남구에서 진행하는 가장 큰 독서논술대회였다. 대회가 끝난 후 평가와 상관없이 전체 참가자를 가나다순으로 분류해 원고 모음집을 만들어 나눠주었다. 이것이 나를 부끄럽게 했다.

역설적이게도 독서에 다시 관심이 생긴 건 책을 멀리하게 만든 활동적인 성향 때문이었다. 중학교 1학년 때 강남구 인문독서논술 공모전에 참여하면서 나의 부족한 독서력을 알게 되었다. 어떤 대회든 무조건 신청하고 준비해 상을 받아내야만 하는 내 오지랖이 도진 것이다.

참가 신청서를 내고 『동물농장』을 읽었다. 책을 읽긴 읽었지만 독서논술로 쓰는 일은 고역이었다. 책에 나온 활자를 읽었지만 작가가 의도한 속뜻을 정확히 파악하지 못했다. 독서논술은 책을 읽고 '내 생각'을 써야 하는 것인데 책 내용에 대한 내 생각은 거의 없었다. 그냥 수동적으로 텍스트만 읽었을 뿐, 읽은 내용을 다시 한번 생각해보고 '내 식대로' 정리하고 이해하는 것은 습관화되지 않았다.

지금 와서 보면 부끄러운 글을 써서 냈다. 책의 스토리를 죽 나열하고 그에 대해 순간적으로 든 생각들을 단편적으로 덧붙여 썼을 뿐이다. 그것은 독후감이었다. 논술문과 독후감의 차이를 몰랐다. 당연히 참가상 격인 장려상에 만족해야 했다. 그래도 대회에 참가한 경험을 통해 독서에 대한 동기부여를 얻었다. 참가작 모음집을 보니 또래 친구들은 나와 같은 책을 읽고서도 다양하고 깊은 생각을 했다. 그 글들을 하나하나 읽어보면서 신선한 자극을 받았다. 나는 앞으로는 책 속에 담긴 많은 생각거리를 끄집어내 좀 더 의미 있는 독서를 해야겠다고 생각했다.

같은 책을 다른 사람들과 함께 읽으면, 그들의 생각을 공유할 수 있어 생각의 폭을 넓힐 수 있다는 교훈도 얻었다. 이 대회의 마무리 행사로 도서관에서 옛날 그리스 시대의 철학자 소크라테스가 그랬던 것처럼 '아테네 아크로폴리스의 재현'이라는 토론광장을 열었다. 나도 교수, 대학생, 시민, 또래 학생들과 같은 주제를 가지고 토론하면서 새로운 경험을 했다. 각자가 책을 읽고 얻은 교훈과 의미를 공유하는 과정에서 한 단계 높은 차원으로 성찰을 할 수 있었다. 활동적인 성향인 내겐 독서도 참여와 공유를 통해 함께 성장해 나갈 수 있는 방식으로 하는 게 더 잘 맞았다.

중학교 2학년이 되어 '공동 독서'를 시작했다. 책을 혼자서 읽는 게 아니라, 친구들과 함께 읽고 의견을 나누며 공감하고 싶었다. 학교에 요청해 자율동아리를 만들었다. 매주 한 번씩 학교 필독서와 평소 읽고 싶었던 책들 위주로 몇 권을 선정해 함께 읽고 생각을 나눴다. 각자 책을 읽으며 한 명씩 돌아가며 질문거리를 만들어왔고, 그 질문에 대해 함께 머리를 맞대고 생각해보는 시간을 가졌다. 이후에는 토론 시간도 가졌다. 토론할 만한 주제를 선정해 각자 자신의 생각을 소리 내어 말해보았다.

이렇게 『리버보이』, 『방관자』, 『피노키오는 사람인가 인형인가』, 『원미동사람들』 같은 책을 읽었다. 『파리대왕』, 『덕혜옹주』 같은 책은 해당 작품의 영화로도 감상했다. 나에게 자율동아리를 통한 공동 독서는 다양한 영역의 책을 풍부하게 읽을 수 있는 계기가 되었다. 내가 읽고 싶었던 책뿐 아니라 다른 친구들이 읽고자 했던 책들까지 읽을 수 있었기 때문이다.

또 내가 잘 느끼지 못했던 감상이나 교훈을 다른 친구들의 생각을 통해 공유할 수 있었기에 공감 능력도 기를 수 있었다. 같은 작품, 같은 내용을 읽고도 친구들은 제각각 서로 다른 생각을 했다. 그 생각들이 모두 '틀린' 게 아니라 '다른' 것이고, 모두 존중할 대상이라는 사실을 자율동아리를 통해 알게 됐다.

그렇게 1년을 보내고 다시 나간 2016년 강남구 인문독서논술 공모전에서 우수상을 받았다. 『갈매기의 꿈』을 읽고 독서논술을 썼는데, 1년간 공동 독서를 하며 다양한 책을 읽고 공감 능력을 함양했기에 전보다 풍부한 내용의 논술문을 쓸 수 있었다. 특히 책의 중심 내용과 주변 친구의 일화를 연결해

'남의 시선에 좌우되지 말고 나만의 꿈을 찾아 꿈을 이루려고 노력하자'는 나만의 교훈을 도출해냈고, 그 내용을 중심으로 논술문을 구성한 결과 전보다 더 좋은 성과를 냈다.

자율동아리를 통한 공동 독서 경험에 재미를 느껴 중학교 3학년에 진학해서는 시사 동아리를 만들었다. 이야기를 나눠보고 싶은 사회 이슈를 선정하고 자료조사를 한 뒤 매주 한 번씩 친구들과 만나 해당 이슈에 대해 토론하는 시간을 가졌다.

2017년 19대 대통령선거 때는 대통령 후보들의 교육 공약을 탐구해보기도 했다. 각 후보의 교육 공약을 모두 찾아 정리했다. 그 내용을 피켓 형식으로 구성해 학교를 돌아다니며 학생들이 선호하는 교육 정책은 어떤 후보의 공약인지 리서치 활동을 해보기도 했다. 공약에 반영되지 않은 학생들의 요구사항은 따로 받아 통계까지 냈다.

KBS TV 강연 프로그램 「명견만리」에서 짐 로저스의 강연을 직접 방청하기도 했다. 워런 버핏과 함께 세계적인 투자가로 꼽히는 짐 로저스는 '한국경제에 대한 충고'를 주제로 강연했다. 그는 "공무원을 최고의 직업으로 꼽는 젊은이에겐 미래가 없다."며 한국 청년들에게 열정과 도전정신을 가질 것을 당부했다. 강연 이후 친구들과 토론하며 각자의 꿈을 구체화해보기도 했다.

5·18 광주민주화운동에 대해 토론할 때는 시민군의 시각에서 영화 「택시운전사」를 보는 것에 그치지 않고, 계엄군의 시각에서 쓴 이순원의 소설 『얼굴』도 읽었다. 이후 시민뿐 아니라 동원된 계엄군 소속 군인들도 국가 폭력의 피해자란 관점에서 친구들과 토론을 진행했다.

이처럼 다양한 문학·예술작품을 접하고 시사 문제를 고민하며 토론하는 과정에서 '내 생각'을 펼쳐가는 법을 배웠다. 시사 동아리 활동을 끝내며 책자를 만들었는데, 담당선생님께서 "후배들에게 보여주고 싶다"며 기증해달라고 요청할 정도로 성공적인 시사 동아리 활동이었다.

1년간의 노력 끝에 2017년 강남구 인문독서논술 공모전에선 최우수상을 받았다. 『철학, 과학기술에 말을 걸다』를 읽고 독서논술을 썼는데, 시사 동아리 활동을 하며 다양한 이슈를 고민해왔던 시간이 더 좋은 평가를 받게 한 원동력이 되었다. 책에는 과학기술의 발전과 더불어 발생하는 윤리적 딜레마 상황이 나열됐는데, 이 각각의 주제를 추려내 논술문에 내 생각을 풀어낼 수 있었다.

2018년 강남구 인문독서논술 공모전의 주제 도서인 『생태 민주주의』를 읽을 때도 독서 동아리 활동이 도움이 됐다. 이 책은 딱딱한 학술논문 같은 내용이 주를 이루었다. 무엇보다 '생태'와 '민주주의'를 연결한다는 게 내게는 무척 생소해서 이해하기가 힘들었다. 하지만 2017년 시사 동아리 활동을 하며 느꼈던 부분들이 책을 이해하는 데 큰 도움이 됐다. 선거 공약을 분석하는 과정에서 '시민들의 무관심, 방관자적 입장이 민주주의의 걸림돌이 된다'는 교훈을 얻었는데, 생태 민주주의도 시민의 참여와 숙의가 기반이 되는 민주주의의 형태였기에 시사 동아리 활동의 연장 선상에서 책을 이해할 수 있었다. 또 논술을 쓰고 난 뒤 시민토론광장에서 다른 사람과 책을 읽은 후 느낀 점을 공유하면서 생각의 깊이도 더욱 넓어졌다.

이렇게 읽은 책이 쌓여가면서 철학과 경제학 분야에도 관심이 갔다. 최근에는 『펼쳐라 철학』이라는 책을 읽었다. 이 책을 통해 철학의 역사와 전통을 개괄적으로 접하고 철학에 더 관심을 갖게 됐다. 동서양 사고방식의 기반을 형성하는 철학이 어떻게 다른지 알기 위해 앞으로 『생각의 지도』란 책도 읽을 예정이다. 경제학도 마찬가지다. 중학교 때 『청소년을 위한 경제 역사』를 읽고 경제학에 대한 관심이 커졌다. 최근에는 『유시민의 경제학 카페』를 구매했다. 성장과 분배의 문제를 제대로 이해하고 싶어 앞으로도 더 많은 경제학 책을 읽을 예정이다.

최근에는 독서 경험을 후배들과 공유하는 도서관 동아리도 새로 시작했다. 그 첫 번째 활동으로 문·이과 친구들이 모여 『코스모스』를 함께 읽고 있다. 인문과학 분야의 고전과도 같은 이 책을 함께 읽고 토론한 뒤 도서관 후배들에게 멘토로서 설명해주고 토론하기 위해서다. 내게 독서는 혼자 하는 게 아닌 '함께' 하는 활동인 동시에, 따분하고 지루한 일이 아니라 친구들과 의견을 나누고 나의 느낌을 논술로 표현해서 토론을 벌이는 대외적인 활동의 일부다.

그렇게 책을 읽으니 책에 대한 흥미가 커지고 독서의 폭과 범위도 넓어졌다. 앞으로도 나는 더 많은 책을 읽고 주변 사람들과 감상을 공유할 것이다. 이러한 활동에 힘입어 2018년 논술대회에서 대상 격인 '강남구청장상'을 받았다.

※ 유나는 독서를 통해 많이 성장하고 있다. 이러한 활동이 꿈을 만들었다. 유나는 영상을 만들고 그것을 통해 사람들에게 도움이 될 수 있는 일을 하고 싶다고 했다. 아직은 확정된 꿈을 가지고 있지 않지만 지금 찾으러 가는 중이다. 독서와 함께 앞으로 나아가고 있다. 유나가 2015년~2018년까지 작성한 논술문 원고를 부록에 별도 첨부했다.

3장

꼬리 물기 독서법의
첫걸음

먼저 관심 분야를 선택해 책을 읽고, 그것을 시작으로 계속 꼬리 물기 독서가 이어진다. 역사를 읽고 그 시대 사람들의 생각이 궁금해지면 철학을 읽게 되고, 그다음은 그 사람들의 사랑에 관심이 생겨 문학을 읽고, 그 시대의 사람들은 뭘 먹고 살았을까 궁금해져서 경제를 찾아 읽는다.

과거를 통해 미래를 보는 역사 읽기

책을 읽을 때 그냥 눈으로만 읽지 말고, 간단하게라도 기록을 하는 것이 좋다. 복잡하게 생각하지 말고 자신만의 스타일로 기록해본다. 예를 들어 어떤 사람은 책을 읽다가 좋아하는 구절에 줄을 치거나 노트에 그 문장을 적어놓는다. 단순하게 책 제목과 작가만 기록하고 좋아하는 구절을 적는 습관만으로도 독서를 훨씬 재미있게 할 수 있다. 독서는 지금 몇 권 읽었다고 당장 어떤 결과가 나타나지 않는다. 간혹 한 권의 책이 어떤 사람의 인생을 바꾸었다는 이야기도 듣지만, 사실 그런 경우는 흔하지 않다. 어릴 때부터 습관적으로 책을 읽다 보면 책을 읽지 않은 사람보다 자유로운 인생을 살 수 있다. 다양한 세상에서 무엇을 할지에 대한 선택의 폭이 넓어진다. 독서를 통해 얻은 많은 정보 덕분이다.

그러면 독서를 어디서부터 시작할까? 먼저 자신이 관심 있는 분야를 선택한다. 그것을 시작으로 계속 꼬리 물기 독서가 이어지게 된다. 역사를 읽고 그 시대 사람들의 생각이 궁금해지면 철학을 읽게 되고, 그다음은 그 사람들의 사랑에 관심이 생겨 문학을 읽고, 그 시대의 사람들은 뭘 먹고 살았을까 궁금해져서 경제를 찾아 읽는다. 무슨 일이든 처음 시도하는 것이 힘든 법이다. 독서도 시작이 어렵지 그다음은 굴비를 엮듯이 호기심이 생겨난다. 독서를 하다가 단절되는 것은 강제로 책을 읽게 하기 때문이다. 앞에서 나왔듯이 무슨 책을 아이가 좋아하는지 함께 찾는 일을 꾸준히 해야 한다.

책을 읽다 보면 그 시대의 역사적 배경을 안다는 것이 얼마나 중요한지 누구나 공감한다. 그래서 나는 역사를 꼭 읽으라고 적극적으로 권장하고, 도서관에서 관련 프로그램을 지속적으로 운영해왔다. 어떤 책이든 배경지식이 있을 때 독서의 효과는 극대화된다. 역사를 읽기 전 지리를 이해하는 것이 그래서 중요하다. 세계지도를 항상 책상 앞에 붙여놓고 자주 들여다본다면 눈을 감아도 머릿속에 세계를 그릴 수 있게 된다.

이것이 아이들이 가진 사고의 틀을 확장하는 방법이다. 이렇게만 된다면 지리 공부와 역사 공부는 걱정하지 않아도 좋은 성적을 낼 수 있다. 우리 도서관에서는 매년 1월이 되면 세계지도를 프린트해서 나누어준다. 내 책상 옆에도 세계지도를 포함해 온갖 지도가 붙어 있다.

독서는 과거의 경험을 미래에 사용하는 것

독서의 필요성과 관련해 다양한 간접 경험을 많이 이야기한다. 경험은 대체로 과거의 일이다. 왜 과거가 우리에게 힘이 되는 것일까? 과거는 미래의 거울이기 때문이다. 미래를 살아가야 하는 우리 아이들에게 역사를 알게 하는 것은 그래서 중요하다. 역사책을 읽어야 하는 이유이기도 하다.

2018년에 출간된 도서 중 최고의 베스트셀러가 유시민 작가의 『역사의 역사』다. 이 책은 연대기적 사실의 나열에서 벗어나 역사에 해석과 서사를 더해 더욱 이해하기 쉽게 저술했다. 역사를 어디서부터 읽어야 할지 고민하는 사람들에게 좋은 길잡이가 되는 책이다. 다 읽은 다음에는 이 책에서 소개하는 역사서를 이어서 읽어보는 것도 좋다. 고대의 역사가 헤로도토스에서 과학과 상상력을 동원해서 미래를 살아갈 인간에게 질문을 던지는 유발 하라리까지, 작가는 독특한 시선으로 해석을 덧붙였다.

유시민 작가는 서문에서 오랜 세월 사람을 사로잡았거나 지금 대중의 시선을 끌고 있는 역사책을 읽으라고 말한다. 역사는 사람이 살아온 흔적의 기록인데, 역사를 기록하는 사람이 자신의 가치에 따라 경중의 형평성을 저버리고 편파적인 기록을 남길 가능성도 있다. 그럼에도 우리는 그 기록을 통해 미래를 기획할 수밖에 없다.

아놀드 토인비는 『역사의 연구』에서 인류는 문명의 순환 과정을 통해서 생명 주기를 반복한다고 주장한다. 그렇다면 우리가 살아가는 문명도 언젠가는 소멸할 수 있다고 가정할 수 있다. 무엇이 정답인지는 중요하지 않다. 다만 이와 같은 사고를 통해 인류는 또 다른 세상을 꿈꾸며 새로운 세상에 대한 해답을 찾아가는 것이다.

청소년에게 권하고 싶은
역사책

여기서 추천하는 대부분의 책은 원전을 번역한 것이다. 이것을 기반으로 청소년을 위해 쉽게 편집한 책들이 많이 나와 있다. 처음에는 그런 책을 읽다가 조금 더 진전되면 원전 읽기를 권한다.

1) 헤로도토스, 천병희 옮김, 『역사』
(숲, 2009)

헤로도토스의 『역사』는 기원전 5세기에 집필된 인류 최초의 역사서로 인정하는 책이다. 헤로도토스는 인간의 관습과 과거 역사에 관심을 가지고 그것을 실증적 학문의 대상으로 삼은 최초의 그리스인이었다. 그는 페르시아 전쟁 속에서 아테네의 지역적 애국정신, 그리고 방대한 제국 페르시아의 단일 지휘 체계 등을 살펴본다. 그 속에서 자유를 향한 그리스의 투쟁이 지니는 역사적 의미를 보여준다. 『역사』는 전쟁사를 다루면서도 전쟁 이야기만 다루지 않는다. 페르시아 전쟁 그 이전 근동近東 역사를 요약해가는 것도 매우 흥미롭고 유익하다. 키케로는 헤로도토스를 '역사의 아버지'라 칭한다. 그러나 레오폴트 랑케(1795~1886)는 이 주장에 반대한다. 그는 최초 역사의 창시자는 투키디데스라 주장한다. 랑케와 투키디데스의 이러한 주장은 역사를 보는 시각의 차이에서 나온다.

헤로도토스의 『역사』는 페르시아와 그리스 간의 전쟁사를 다룬 것으로, 이 책을 통해 고대 지중해의 역사와 인류 문명이 가장 번성했던 지역의 역사를 이해할 수 있다. 이 책은 세계사를 재현하려 노력한 작품이라는 평가를 받는다.

아래 인용한 부분은 페르시아의 왕인 크세르크세스와 그의 숙부 아르타바노스가 전쟁 중에 잠시 나누는 대화다. 아르타바노스는 처음에는 이 전쟁을 반대했으나 왕의 의지가 확고한 것을 보고 전쟁에 참여했다.

헬레스폰토스가 온통 함선으로 덮이고 아뷔도스의 해안과 들판이 사람들로 가득 차 있는 것을 보자 크세르크세스 왕은 처음에 자신을 행복한 사람이라고 기리다가 나중에는 눈물을 흘렸다. 이것을 본 아르타바노스가 크세르크세스 왕에게 묻는다.

"전하, 전하의 지금 행동과 잠시 전 행동은 판이하옵니다. 잠시 전에는 전하께서 자신을 행복하다고 기리셨는데, 지금은 눈물을 흘리시니 말이옵니다."

크세르크세스가 대답했다.

"인생이란 얼마나 짧은 것인가 생각하다가 비감에 잠겼다오. 여기 있는 저토록 많은 사람들 가운데 앞으로 100년 이상 살 사람은 아무도 없으니 말이오."

아르타바노스가 대답했다.

"살다 보면 그보다 더 슬픈 일도 많사옵니다. 짧은 인생이지만 저들을 포함한 세상 사람들 중에 더 오래 사느니 차라리 죽었으면 싶은 생각이 한 번이 아니라 가끔씩 들지 않을 만큼 행복한 사람은 한 명

도 없사옵니다. 사고와 병고에 시달리다 보면 짧은 인생인데도 길어

보이옵니다. 그리하여 죽음이 인간에게는 괴로운 인생으로부터의 가

장 바람직한 도피처가 되는 것이옵니다. 그것을 보면 신께서 시기하

신다는 것을 알 수 있사옵니다. 신께서는 인생이 얼마나 달콤한 것인

지 맛만 보여주시기 때문이옵니다."

사람의 욕망이 부질없다는 것을 알면서도 이들은 전쟁을 멈추지 않는다. 다음 이야기는 직접 책을 읽어 확인하기 바란다.

2) 이븐할둔, 김호동 옮김, 『역사서설, 아랍 이슬람 문명』
(까치, 2003)

이븐할둔은 1332년 5월 27일 북아프리카 중부의 튀니스에서 출생해 스페인과 북아프리카 지역의 아랍 왕조에서 활동한 정치가다.

『역사서설』은 아랍 민족, 그리고 그들의 삶과 국가, 문화, 특히 그들의 종교인 이슬람교를 총체적으로 고찰한 거대한 문명론이자 위대한 역사서다. 『역사서설』의 의미와 문제 제기는 14세기를 넘어 지금까지도 유효하다. 오늘날 학자들은 역사가로서 이븐할둔의 탁월한 역량을 인정하면서, "투키디데스가 역사학을 창시한 사람이라면, 이븐할둔은 역사학을 하나의 (과학적) 학문으로 정립한 사람"이라고 평가한다.

『역사서설』은 역사의 보편법칙을 찾는 것을 연구 목적으로 쓴 역사 이론서

로, 당대의 귀중한 역사기록을 남겼다. 이븐할둔은 자신이 발견했다고 믿었던 역사법칙을 논증하는 과정에서 7세기에 탄생한 이슬람 문명과 아랍 사회의 현황과 특징을 기록했고, 당시 아랍 지식인이 인간과 문명을 어떻게 생각했는지 정밀하게 서술했다. 이 책은 이슬람 문화를 이해하는 데 많은 도움을 줄 뿐 아니라, 이슬람 세계의 통합과 분열에 관한 내용과 기독교와의 관계를 파악하는 데 유용하다.

아동들에게 『코란』을 가르치는 것은 이슬람의 상징이다. 무슬림들은 모든 도시에서 그 교육을 실시하고 있다. 왜냐하면 그것은 『코란』의 시구와 예언자의 전승에서 도출된 확고한 신앙과 신조들을 마음속에 심어주기 때문이다. 『코란』은 교육의 기본이고 그 후에 습득되는 모든 습관의 기초가 된다. 이렇게 말할 수 있는 까닭은 사람이 어려서 배운 것은 다른 무엇보다도 깊이 뿌리를 내리기 때문이다. 그것은 그 뒤의 모든 지식의 기본이 된다. 마음이 받아들이는 최초의 인상은 어떤 면에서는 모든 학문적 습관의 기초가 되며, 그 기초의 특징은 건물의 조건을 결정짓는다. 아동들에게 『코란』을 가르치는 방법은 그 교육에 의해서 생기는 습관을 어떻게 보느냐 하는 견해 차이에 따라서 달라진다.

3) 에드워드 카, 권오석 옮김, 『역사란 무엇인가?』
(홍신문화사, 2006)

현대의 가장 탁월한 역사가로 꼽히는 에드워드 카는 1961년 1월부터 3월까지 케임브리지대학교에서 '역사란 무엇인가'라는 제목으로 강의를 했다. 그후 강의 제목 그대로 『역사란 무엇인가』를 책으로 출판했다. 책에는 오랜 역사 연구와 서술 경험을 통해 그가 얻은 지혜의 결정이 담겼다. 이 책은 카의 명성을 전 세계에 떨치는 데 크게 기여했을 뿐만 아니라, 오늘날까지 명실상부한 고전 중의 고전으로 꼽힌다. '역사가와 사실', '사회와 개인', '역사에서의 인과관계' 등 목차를 보면 알 수 있듯이 역사의 근본 문제를 본질적으로 파헤쳐 일종의 역사철학서로 분류되기도 한다. 『역사란 무엇인가』가 일반 독자를 비롯해 역사 분야에 미친 충격은 엄청났다. 역사의 본질을 묻는 카의 급진적 자세는 많은 사람의 기존 관념을 깨뜨렸다.

이 책에 담긴 "역사란 과거와 현재의 대화", "역사란 과거의 사실과 현재의 역사가의 대화" 같은 주옥같은 구절은 지금도 많이 회자된다. 에드워드 카가 강조하는 것은 과거 자체나 과거의 사실이 아니라, 그것을 통해 역사 담론과 역사 지식을 생산하는 '현재의 역사가'다. 현재의 역사가가 이미 지나가버려 스스로 말할 수 없는 과거의 사실을 대화의 장으로 불러들이기 때문이다. 카는 결국 역사를 알고자 하는 것은 미래에 대한 전망과 연관된다고 주장한다. 이 책은 과거를 통한 미래를 예측하기 위한 수단으로 읽어볼 만하다.

아래 내용은 2장에 나오는 이야기로 거대한 역사의 흐름 속에서 탁월한 개인이 나온다는 사실을 말해주는데, 역사 속 개인의 역할을 강조하는 그의 논리가 뛰어나다.

> 역사에서 위인의 역할은 무엇인가? 위인도 한 개인이기는 하지만 탁
> 월한 개인이므로 동시에 탁월한 중요성을 가진 사회현상이라고 할 수
> 있다. … 그들의 역사상 역할은 추종하는 대중이 있었던 덕택이며,
> 그들은 하나의 사회현상으로 중요하지, 그렇지 않다면 문제가 되지
> 않는 것이다.

4) 아널드 토인비, 홍사중 옮김, 『역사의 연구』
(동서문화사, 2016)

영국 런던 태생인 아널드 J. 토인비는 전형적인 지식 계급 출신이다. 토인비의 역사에 대한 흥미는 매일 밤 어머니에게 자장가 대신 들은 이야기에서 싹텄다고 한다. 13세 때 그리스어와 라틴어 교육을 시작으로 꾸준히 역사 연구에 몰두했다.

토인비가 쓴 『역사의 연구』는 역사학의 지평을 넓힌 고전으로, 방대한 역사를 다루고 있다. 이 책은 수많은 문화 유형을 연구하여 '도전과 응전'이라는 관점으로 세계사를 포괄적으로 정리하고 있다. 미국·유럽의 역사가가 품었던 국가 단위 역사관과 서유럽 문명을 중심으로 하는 문명관을 극복하고, 세계사에 21개의 문명권을 설정해 그 가치와 의미를 다룬다. 토인비는 문명을 하나의 유기체로 보고 그 발생·성장·쇠퇴·해체의 과정이 역사이며 이것

이 주기적으로 되풀이되는 것으로 보았다. 토인비의 역사 연구는 문명의 객관적·과학적 비교연구를 통해 문명에서 종교의 기능과 역할이 중요하다는 결론을 제시했다.

토인비는 30년 동안 기록을 찾아가면서 30권의 책을 썼다. 그러나 우리나라에 현재 번역된 것은 8권짜리와 2권으로 편집된 축약본이다. 먼저 청소년들은 2권으로 된 편집본을 읽고, 기회가 된다면 통사로 된 인류사를 읽어보면 좋을 것이다.

5) 박은식, 김승일 옮김, 『한국통사』
(범우사, 2000)

백암 박은식 선생이 1915년 중국 상해에서 한문으로 편찬한 것으로, 망국으로 이어지는 우리의 아픈 근대사를 서술하고 있다. 대원군이 집정한 1864년부터 경술국치 다음 해인 1911년까지의 근대사, 일제침략사, 민족운동사를 총 3편 114장으로 구성했다. 한국통사는 제목 그대로 아픈 역사다. 한민족 역사에서 가장 아쉽고 아팠던 고종즉위부터 일제강점기 초기까지 약 50년의 역사를 서술했으며 일제에 의한 침탈이 어떤 식으로 이루어졌는지, 그리고 한반도를 둘러싼 여러 나라의 입장은 어떠했는지 자세히 기록되어 있다. 다시 떠올리기도 싫을 만큼 무능했던 왕 고종과 대원군의 이야기를 엿볼 수 있다. 아래는 대원군이 문호를 개방하지 않은 이유를 담고 있다.

우리나라가 부국강병의 실력을 갖춘 다음 문호를 개방해 열강과 교제한다면 상업의 교역, 문물의 수입 등 이익이 많을 것이지만, 스스로 지킬 실력도 없이 강대국들에게 문호만 개방하여 나라의 약점을 드러내면 그 허약한 진상이 폭로되어 우리를 집어삼키려는 야심을 부채질하고 침탈의 편익을 공급하는 데 불과한 것이다. 이것이 개국 정책도 또한 패망을 구하지 못한 까닭이다.

6) 전국역사교사모임, 『처음 읽는 중국사』
(휴머니스트, 2018)

이 책은 '현재의 중국을 어떻게 볼 것인가'라는 문제의식을 중심에 두고 중국의 역사를 기술했다. 그러다 보니 현재의 중국, 중국인을 이해하는 데 중요한 역사인 개혁개방 40년, 신중국 70년의 현대사, 중국의 근대 체험을 보다 상세하게 다루고 있다. 그들 삶 깊은 곳에 오랫동안 자리 잡은 전통의 목소리를 추적하는 방식으로 전근대사를 다룬다.

세계사나 한국사를 배울 때 한 부분으로 중국의 역사를 접하기는 하지만 중국사만 따로 배우는 일은 없는 대부분 청소년들이 동시대를 살아가는 이웃인 중국에 대한 이해를 높이는 데 도움이 되는 책이다. 중국사를 처음 접하는 사람들에게 입문서로 추천할 만하다. 오늘날 중국을 생각할 때 떠오르는 사회주의 시장 경제 체제, 비약적인 성장, 세계 경제의 새로운 중심, 다민족 국가, 중화주의와 애국주의, 남북한 사이의 중국, 동아시아의 비중 있는 구성원으로서의 중국 같은 이미지가 입체적으로 이해된다. 우리나라 역사 선생님들이 자료를 모아 공동집필한 책으로 그림과 사진을 많이 삽입해 아이들이 읽기에 좋은 책이다.

> 중화인민공화국은 거듭된 전쟁으로 피폐해진 경제를 물려받았다. 게다가 경제를 일으켜야 할 국민은 대부분이 문맹이었다. … 당과 정부는 중화학공업의 발전부터 서둘렀다. 여러 명의 농민이 집단 농장을 만들어 함께 일하는 방안을 추진했다. 농촌의 생산력이 크게 높아졌고, 점차 사회주의화 되어갔다. 기업은 국가나 공동체의 소유로 바뀌고 필요한 국영기업을 만들고 노동자에게 식량과 집을 제공하고 의료기관을 지원했다.

7) 전국역사교사모임, 『처음 읽는 일본사』
(휴머니스트, 2018)

우리나라와 일본은 현재 갈등이 심하다. 이럴 때일수록 상대를 정확하게 아는 것이 중요하다. 이 책도 전국의 역사 선생님들이 공동집필했다.

일본인의 정신세계를 지배해온, '좋은 것은 기꺼이 취한다'는 '이이토코토리'와 조화를 중시하는 '와和' 정신은 개방성과 고유색이 공존하는 오늘날의 일본을 만들었다. 일본은 우리나라보다 먼저 문호를 개방하고 서구 유럽의 발달한 문명을 받아들이면서 경제대국이 되었다. 1차 세계대전에서 혜택을 입은 일본이 더 큰 야욕을 품고 2차 세계대전 중 우리나라를 비롯해 동아시아의 나라들을 침략하고 괴롭힌 역사는 다 아는 사실이다.

고대부터 오늘날에 이르기까지 일본과 우리나라는 빈번하게 접촉하며 다양한 교류를 해왔다. 일본사는 중국사와 더불어 역사 교과서에서 비중 있게 다뤄지지만 시대별로 나눠 단편적으로만 배운 탓에 일본의 역사적 흐름을 거시적으로 읽을 수 있는 기회가 거의 없다. 『처음 읽는 일본사』를 읽으면서 가깝지만 잘 모르는 이웃 나라 일본을 만나보자.

일본인들의 역사의식과 국민성을 이해하지 못하고 피상적인 대응으로는 제대로 된 결과를 얻을 수 없다. 우리 주변의 역사를 바르게 알아야 우리의 미래를 바르게 정립해갈 수 있다.

일본의 역사를 통해 우리의 현실을 바르게 이해하는 계기가 될 수 있다. 일본 역사 전환기의 중심에는 늘 덴노와 무사, 상인의 힘이 작용하고 있었다. 현대로 오면서 덴노는 권력의 정점에서 상징적 위치로, 무사는 군부의 군인으로, 상인은 재벌로 재탄생하는데, 그들이 남긴 흔적과 영향은 지금도 일본 사회 곳곳에 남아 있다. 이웃나라 일본의 역사를 알아가는 것은 한국과 일본의 관계를 피해자와 가해자라는 이분법으로 보아오던 것을 넘어서는 첫걸음이 될 것이다.

8) 더 읽어볼 만한 책

그 밖에도 세계의 변화 과정을 다룬 재레드 다이아몬드의 『총균쇠』와 세계의 역사를 경제로 풀어본 가라타니 고진의 『세계사의 구조』, 지금까지 인간의 진화 과정을 부인하고 엄청난 상상력을 불러일으키는 유발 하라리의 『사피엔스』와 『호모데우스』를 추천한다.

사마천의 『사기』는 중국의 역사를 이해하는 데 유용한데 중국의 철학, 역사, 문학 등의 근거 자료로도 많이 활용되는 역사서다.

내 삶의
길을 묻는
철학 읽기

대치도서관에서 「철학에 길을 묻다」라는 프로그램을 진행한 적이 있다. 놀랍게도 많은 사람이 그 강좌를 듣기를 원했다. 왜 이렇게 많은 사람이 철학을 배우고 싶어 할까 궁금했다. 『예술을 삼킨 철학』의 저자로 가천대학교에서 예술철학을 가르치는 한상연 교수는 철학을 이렇게 설명한다.

철학이란 원래 지혜를 사랑한다는 뜻에서 온 말이다. 지혜를 사랑한다는 것은 자기 자신을 강하고 훌륭한 정신을 가진 자로 만들어 어떠한 것에도 흔들리지 않는 마음을 갖게 하는 것이다.

그런데 아쉽게도 나는 매일 흔들린다. 아주 사소한 소슬바람에도 흔들리고, 작은 사회의 변화에 상처를 받기도 한다. 철학은 대단히 이성적인 듯 감정을 통제하며 언제나 변함없이 꿋꿋한 시선으로 세상 바라보기를 강요하는 것 같지만, 막상 철학책을 읽다 보면 철학은 생각보다 유연하다는 사실을 알게 된다.

우리가 잘 아는 동양의 큰 스승은 공자다. 당연히 서양의 큰 스승은 소크라테스다. 이 두 사람은 닮은 점이 많다. 어떤 상황에서도 진리탐구를 일방적인 방법으로 강요하지 않았다. 두 사람 모두 대화를 통해서 자신의 무지를 깨닫게 하고, 스스로 인생의 진리를 찾아가게 길을 인도했다. 철학이 말랑말랑해지는 순간이 아닌가 싶다.

말랑말랑한 철학이
딱딱해진 이유

언제부터 철학이 이렇게 어렵고 딱딱해졌을까? 플라톤의 이데아도 딱딱하기 이루 말할 수 없지만 17, 18세기 유럽의 계몽주의와 신고전주의자들도 완고하기가 그에 못지않다. 그들이 추구했던 이성 중심사회는 정말 그들에게 유토피아를 가져다줬을까? 그들은 모두에게 공평한 세상을 만들고 싶어 했지만 경직된 문화와 표준화된 교육은 인간의 존엄성을 넘어 개성을 인정하지 않았다. 표준화된 교육은 서로가 서로를 감시하는 감시자에 불과할 수 있다. 무엇이 사람을 가치 있게 하는가? 이럴 때 철학에 길을 물어보는 것이다.

우리는 철학이라고 하면 막연히 어렵다고 생각한다. 그래서 형이상학적인 학문으로 여기며 처음부터 겁먹고 접근을 피해왔는지도 모른다. 그런데 요즈음은 여기저기서 인문학을 읽어야 한다고 목소리를 높인다. 그렇다면 철학은 왜 필요할까? 철학은 지혜를 아는 학문이다. 지혜를 알기 위해서는 지식이 밑바탕이 되어야 한다. 지식은 내가 알지 못하는 것을 깨닫는 데서 출발한다. 우리는 잘 모른다. 인생이 뭔지, 어떻게 살아야 하는지, 또 어디로 가는 것인지 잘 모른다. 그래서 배우는 것이다. 철학은 이런 질문을 던지고, 끊임없이 사색하며 그 질문의 답을 찾아가는 과정이기도 하다.

철학이 필요한 두 가지 명제

철학이 필요한 이유에는 두 가지 명제가 있다. 첫째는 '누구나 태어나면 죽는다'는 것으로, 사람의 힘으로는 극복할 수 없는 명제다. 이것 때문에 철학뿐만 아니라 종교가 생겨났다. 두 번째는 '어떻게 살아야 하나?' 하는 고민이다. 오랫동안 철학과 관련된 책을 읽으면서 내가 느끼고 이해한 것도 바로 이 부분이다.

그렇다면 철학은 언제 어떻게 생겨났을까? 다른 학문과 마찬가지로 철학도 사람의 필요 때문에 생겨났을 것이다. 실질적으로 인간이 중심이 되어 고민하기 시작한 때는 기원전 5세기경으로, 서구 민주주의가 최초로 시작되었던 그리스 아테네에서였다. 서양철학의 아버지라 불리는 소크라테스(BC 470~ BC 399)의 등장이 문을 열었다.

그러면 왜 철학이 과학이나 의학보다 먼저 나왔을까? 그리고 수천 년이 지난 지금도 그 가치가 점점 더 중요해지는 것일까? 우리는 이 의미를 되새겨봐야 한다. 최첨단의 아이디어로 세상을 바꾼 애플의 창시자 스티브 잡스가 가장 많이 읽은 책이 그리스 철학이었다고 한다. 사람을 이해하는 것을 사업의 가장 중요한 척도로 삼았다는 사실을 알 수 있다.

아주 오래전 사람들은 그저 가족이나 씨족 단위로 살아갔다. 그때는 크게 고민할 필요가 없었다. 그저 주어진 오늘을 배고프지 않게 살면 됐다. 수렵 채집을 통해 하루하루의 식량을 해결하고, 정착 생활 대신 이동하면서 살았으므로 집이나 땅도 필요하지 않았다. 그러다가 공동체의 단위가 커지면서 부족공동체가 형성되고, 민족국가나 시민국가로 넓어지고, 다시 세계국가로 영역이 확장되었다.

정착 생활을 가능하게 한 식량의 비축은 점차 부의 불균형을 가져오고 새로운 권력을 창출해냈다. 그 결과 '권력이 먼저냐 부가 먼저냐'가 논란이 됐고, 나아가 사람들이 경쟁하면서 단순하던 삶이 복잡해지기 시작했다. 이때부터 사람은 '왜 살아야 하지?' 또 '어떻게 살아야 하지?' 하는 근본적인 질문이 시작되었다. 사람들의 궁금증에 대한 답이 필요해진 것은 이 때문이다. 결국 철학은 '사람이 왜 사는지 모르겠어요'라는 질문에 '이렇게 살아보세요'라고 답하는 것 아닐까? 이런 근본적인 질문에 답을 해주고 어떻게 살아야 할지 방법을 제시해주는 사람들을 우리는 '철학자'라고 부른다.

철학책은 우리 삶의 참고서다

아이들이 학교에서 교과서로 공부하다가 도저히 모를 때는 참고서를 들춰본다. 그러면 문제가 쉽게 해결된다. 철학도 마찬가지다. 나 혼자 고민해서 풀기 어려운 삶의 문제들을 나보다 먼저 고민해서 내놓은 지혜가 바로 철학이다. 그것을 참고서처럼 사용하면 된다. 아이들 역시 삶에 대한 궁금증이 많다. 아이들의 이런 궁금증을 부모가 전부 해결해주기는 어렵다. 이때 아이들이 철학을 쉽게 이용할 수 있도록 어릴 때부터 자주 고전을 접하게 해주면 아이들은 자기 삶의 목적지를 쉽게 찾아갈 수 있다. 그것은 아이들에게 삶의 나침판을 손에 쥐여주는 것과 같다.

철학을 만나서 인생이 바뀐 채사장도 처음에는 어떻게 살아야 할지 고민이 많았다고 한다. 그렇게 인생의 길을 못 찾고 방황하다가 교통사고를 당해 병원에 입원했고, 병상에 누워 니체의 『차라투스트라는 이렇게 말했다』를 읽었다. 그 책을 읽는 순간 삶의 방향성을 찾았단다. 그가 만약 병상에서 니체의 책을 만나지 않았다면 지금의 베스트셀러 작가가 되지 않았을지도 모른다.

인생을 살다가 답답하고 막막할 때 철학에 길을 물어볼 수 있는 기회가 있다면 얼마나 좋을까? 그렇게 되도록 도와주는 것이 독서력을 키워주는 것이며, 그것이 바로 어른들의 몫이다. 아이들이 살면서 우연한 곳에서 귀인을 만나는 것처럼, 책과 늘 동행하는 사람에게는 행운을 만날 기회가 주어진다. 우리가 살면서 로또 같은 불확실한 행운을 기대하는 것보다도 책은 훨씬 높은 확률로 아이들의 앞날에 행운을 가져다줄 것이다.

청소년에게 권하고 싶은 철학책

청소년들이 삶의 목적지를 찾아갈 수 있도록 돕는 철학책 몇 권을 추천한다. 청소년들이 읽기 너무 어렵지 않은 책으로 선정했다. 특히 동양철학은 한자를 배우지 않는 지금의 청소년들을 위해 우리나라 사람들이 쉽게 편집한 책으로 골랐다.

1) 이인우, 『삶의 절벽에서 만난 공자』
   (책세상, 2016)

이 책의 저자 이인우는 인생의 조력자를 공자라고 이야기한다. 그는 삶의 순간마다 공자에게 길을 묻고, 인생을 물으면서 세상의 이치를 깨달았다고 한다. 이 책은 공자의 사상을 소설 형식으로 구성해 2,500년 전 공자를 이 시대의 스승으로 다시 불러낸 것이다. 『논어』는 공자의 사상이 가장 잘 드러난 글이다. 사서四書의 하나이자 시대를 초월한 가치를 인정받는다. 논어는 공자 사후 제자들이 스승의 언행이나 그와의 문답을 기록한 저작으로, 공자의 가르침을 전하는 가장 확실한 옛 문헌이다. 하지만 그 형식이 제각각이고 단편적이어서 수많은 등장인물과 춘추전국시대라는 배경을 이해하지 않으면 읽어내기가 어렵다. 또 공자의 인간상이나 그 사상을 가늠할 직접적인 자료가 없기 때문에 시대적·사회적 요구와 연구자들의 시각에 따라 다채로운 해석과 독법이 존재해왔다. 소설 형식으로 풀어낸 『삶의 절벽에서 만난 스승, 공자』는 '이생'이라는 가공의 인물을 등장시켜 『논어』를 독해하는 새로운 방식을 선보인다. 이러한 시도는 독자들이 공자와 그의 시대에 감정을 이입하며 흥미롭게 읽을 수 있게 한다. 공자에게 인간과 세상은 어떤 의미였는지, 무엇이 시공을 초월한 영원한 가치를 그에게 부여했는지 공자의 행적을 함께 느낄 수 있다.

다음은 '모두에게 좋은 사람은 어떤 사람인가요?'란 질문에 대한 공자의 대답이다.

"어떤 사람을 평가할 때 한 고을 사람이 다 좋다고 하면 좋은 사람입니까?"

"꼭 그렇지는 않겠지."

"다 싫어하는 사람이면 어떻습니까?"

"역시 그렇다고 할 수 없겠지. 그 고을의 선한 사람이 좋아하고, 그 고을의 악한 사람이 미워하는 사람만 못하다."

자공은 스승의 말에 자기도 모르게 울컥했다.

"그렇지. 내 속을 가장 잘 아는 사람은 역시 선생님이로구나. 모두에게 좋은 사람이 되려고 너무 안달하지 말자. 좋은 사람들이 사랑하고, 나쁜 사람들이 미워하는 사람이 진짜 좋은 사람이라고 하지 않는가?"

위안이 필요할 때 공자는 자공의 진정한 위안처였다. 내친김에 아예 대놓고 물었다.

"가난했을 때는 아첨하지 않았고, 부자가 되어서는 교만하지 않았으니 저도 이만하면 괜찮은 사람이지요?"

"괜찮다마다. 그러나 가난하면서도 즐거워하며, 부하면서도 예를 좋아하는 것만은 못하지 않겠느냐?"

2) 양자오, 『맹자를 읽다』
(유유, 2016)

맹자는 공자가 죽은 뒤 100년 정도 지나 태어났다는 설이 있으나 정확하게 언제 태어나서 언제 죽었는지 확인할 수 없다. 대략 그의 생애는 기원전 372년에서 기원전 289년으로 추정된다. 이것도 사마천의 『사기』에서 근거를 찾는다.

맹자는 전국시대의 유가철학자로 인의仁義와 덕을 바탕으로 하는 왕도정치王道政治와 성선설을 주장한 철학자다. 공자는 유가철학의 이념을 만들고, 맹자는 개념을 만들고, 순자는 개념을 완성했다는 주장이 설득력을 얻는다. 이 책 동양 고전 강의 시리즈 제6권 『맹자를 읽다 : 언어의 투사 맹자를 공부하는 법』은 일반 대중을 상대로 10년 가까이 동서양 인문고전 읽기 강좌를 진행했던 중화권의 대표적인 인문학자 양자오가 위대한 성인 맹자가 아닌 지금까지 우리가 간과했던 맹자의 '말솜씨'를 끄집어내어 일반인들이 읽기 쉽게 맹자의 사상을 설명해주는 책이다.

저자는 동서양 역사를 두루 공부한 보기 드문 통섭형 인문학자다. 저자가 보는 맹자는 혼란한 시기를 살면서도 자신의 소신을 굽히지 않고 신념을 관철하려고 노력했다. 또한 저자는 맹자야말로 뛰어난 언어구사 능력과 웅변술을 가진 철학자였다고 주장한다.

맹자는 전국 시대의 사상들이 공통적으로 가지고 있는 병폐를 예리하게 지적해냅니다. 백가百家라고 불린 전국 시대의 사상은 각자 다른 주장을 내세웠지만, 대부분 '하나만을 고집해' 도드라진 하나의 원칙을 문제 해결의 만병통치약으로 삼았습니다. 첫째, 당시의 형세가 너무 혼란스러웠고, 둘째, 제각기 다른 사상들 간의 경쟁이 격렬해지면서 각 학파의 사상가는 군주와 백성의 주의를 끌고자 자연스럽게 핵심을 과장하고 효과를 강조하게 되었습니다. 허행은 농사의 중요성을, 양주는 자기 보호의 중요성을, 묵자는 타인을 생각하는 마음의 중요성을 지나치게 부풀렸지요. 그러나 간단하면서 힘 있는 주장이 진정으로 유용하거나 효과가 있는 것은 아닙니다. 도리어 인간사의 현실에 위배되기 마련이지요. 사람은 그렇게 간단하지 않고, 사람과 사람 사이에 만들어진 사회도 그렇게 간단하지 않습니다. 그리고 사람과 사람 사이에 일어나는 충돌도 그렇게 간단하지 않습니다. 맹자의 태도는 유가와 유가에서 계승한 사주 왕관학의 핵심 가치를 표방합니다.

3) 이황, 최영갑 옮김, 『성학십도, 열 가지 그림으로 읽는 성리학』
(풀빛, 2005)

퇴계 이황이 평생 공부하고 연구한 성리학의 핵심 내용과 실천 방안이 들어 있는 『성학십도』를 쉽게 풀어낸 책이다. 퇴계가 말년(1568)에 어린 선조의 교육을 위해 쓴 『성학십도』는 제목 그대로 성학聖學, 즉 성인이 되기 위한 배움을 이해하기 쉽게 열 가지 그림으로 만든 것으로, 성리학의 요점이 그림으로 정리되어 있다.

이 책은 『성학십도』에 들어간 열 개의 그림이 어떤 구조로 만들어졌는지, 청소년들이 그 그림을 어떻게 봐야 하는지 상세하게 설명했다. 전체 그림을 내용에 따라 나누어 각 부분을 따로 풀이하고, 원문 풀이에 해설을 덧붙여 한국 철학의 핵심을 쉽게 이해할 수 있도록 도와준다.

안타깝게도 좋은 왕이 되기를 염원했던 퇴계의 마음과는 다르게 선조는 무능한 임금이었다. 임진왜란으로 나라의 변란이 일어났을 때, 결코 왕으로서 백성들을 지키지 못했다. 가슴 아픈 일이다.

책에서 이황은 어린 선조에게 임금의 마음에 대해 이렇게 말했다.

> 임금의 마음은 나라의 모든 정사가 나오는 곳이며, 모든 책임이 돌아
> 가는 곳입니다. 그런데 수많은 욕심들이 서로 공격하고, 모든 사악함
> 이 번갈아가며 이 마음을 손상시키려고 합니다. 따라서 임금의 마음
> 이 조금이라도 나태해지고 방종해진다면 산이 무너지고 바다가 넘치

게 될 것이니, 누가 그것을 막을 수 있겠습니까?

후세의 임금들은 천명을 받아 천위에 오른 만큼 그 책임이 지극히 무겁고 지극히 큼이 어느 정도이겠습니까마는, 이처럼 엄하게 자신을 다스리는 도구는 하나도 갖추어지지 않았습니다. 왕공이라는 높은 자리, 억조 백성들이 떠받드는 자리에서 편안히 스스로 성인인 체하고 오만하게 스스로 방종하니, 마침내 어지럽게 되어 멸망하게 되는 것 또한 어찌 이상하게 여길 만한 일이겠습니까? 그러므로 이런 때에 신하 된 사람으로서 임금을 도에 맞도록 인도하려는 자는 진실로 그 마음을 다하지 않음이 없었습니다.

이 그림과 도설은 겨우 열 폭의 종이에 취하여 적어놓은 것일 뿐이지만, 생각하고 익히며 평소 편안히 거처하는 곳에서 공부하는 과제로 삼으신다면, 도를 이루어 성인이 되는 요령과 근본을 바로잡아 정치를 경륜하는 근원이 모두 여기에 갖추어져 있습니다. 오직 왕께서 거울 같은 지혜로 정신을 머물게 하고 생각을 기울여 처음부터 끝까지 반복하여 보시는 데 달려 있습니다.

4) 플라톤, 이상인 옮김, 『메논』
(아카넷, 2019)

서양철학의 대표 주자는 누가 뭐래도 소크라테스, 플라톤, 아리스토텔레스다. 『메논』은 소크라테스의 제자 플라톤이 저술한 책이다. 소크라테스의 문답법을 잘 보여주는 대표적인 작품으로, 탁월함을 얻는 법에 대한 질문이 그 주제다. 가르침이나 배움을 통해 탁월함을 획득할 수 있는지, 그리고 탁월함을 가르칠 교사가 있는지는 아테네 철학자와 교육자의 화두였다.

그는 『메논』을 통해 소크라테스의 주장을 가장 잘 드러나게 하여 철학자로서 진정한 가치와 역량을 알리고자 하였다. 결국 『메논』은 소크라테스가 당대에 어떤 의미의 교사였고, 어떤 의미의 교사이길 거부했는지를 해명하는 또 하나의 '소크라테스의 변명'이기도 하다. 소크라테스식 문답법을 전형적으로 보여주는 책이다.

『메논』은 우리에게 모르는데 안다고 착각하는 것보다는 모른다는 것을 자각하는 것이 더 낫다는 메시지를 던진다. 그래야 자신의 한계를 알고 새로운 것을 받아들일 준비를 할 수 있기 때문이다. 이 책은 텟살리아 귀족 청년 메논이 미덕을 배울 수 있는 것이냐고 소크라테스에게 묻는 것으로 시작한다.

소크라테스 : 그럼 미덕은 어떤가? 미덕이 아이에게 있건 노인에게 있건, 여자에게 있건 남자에게 있건, 미덕이라는 점에서 차이가 날까?
메논 : 소크라테스 선생님, 어쩐지 이 경우는 다른 경우들과 같지 않을 것 같아요.

소크라테스 : 뭐라고? 자네는 남자의 미덕은 나라를 잘 관리하는 것 이고, 여자의 미덕은 살림을 잘하는 것이라고 말하지 않았나?

메논 : 네, 그렇게 말했어요.

소크라테스 : 나라든 가정이든 그 밖의 다른 것이든 절제 있고 올바 르게 관리하지 않으면 잘 관리할 수 있을까?

메논 : 절대 그럴 수 없어요

5) 아리스토텔레스, 강상진·김재홍·이창우 옮김, 『니코마코스 윤리학』 (길, 2011)

아리스토텔레스의 대표작이자 서양 윤리학을 대표하는 가장 중요한 고전 으로 꼽히는 작품이다. 아리스토텔레스는 스승인 플라톤의 이상주의나 소 피스트의 궤변에 치열하게 맞서면서 자신의 사상을 정립하여 이 책에 담 았다.

책에서 그는 인간의 삶이 궁극적으로 추구하는 것은 무엇인지, 그러한 궁 극적 목표를 위해 인간은 무엇을 추구해야 하며 어떻게 살아가야 하는지를 묻는다. 이를 통해 그는 서양 윤리학의 근간을 세우는 이정표를 남겼다.

아리스토텔레스 윤리학의 핵심 개념은 '행복'이다. 아리스토텔레스는 『니코 마코스 윤리학』 제1권 7장에서 연구자들 사이에서 '기능 논증'이라고 일컬어 지는 분석 틀에 입각해 행복의 구체적 정의에 도달하고자 한다. "각각의 인 공적 존재의 기능은 무엇인가? 각각의 자연적 존재의 기능은 무엇인가? 그리고 마지막으로 인간의 기능은 무엇인가?"라는 질문의 연쇄로 이루어진 이 논증을 통해 아리스토텔레스는 하나의 의미심장한 결론을 도출해낸다. 이에 따르면 인간의 고유 기능은 '탁월성에 따르는 이성적 영혼의 활동'이다. 그리고 이것이 바로 인간의 최고의 선(善)이며 행복이라는 것이다.

탁월성은 좋은 습관이 쌓이면서 형성된다고 말한다. 교육으로 습득되고 스스로 노력함으로써 완전해지는 것이다.

이 책은 많은 지식인이 추천하는 대표 도서이기도 하다. 우리나라 이문열 작가와 『정의란 무엇인가?』의 저자 마이클 샌델도 그들 중 한 사람이다. 소크라테스와 플라톤, 그리고 아리스토텔레스의 사상은 같으면서도 조금씩 다르다. 플라톤은 이상에 초점을 맞춘 철학자라면, 아리스토텔레스는 현실에 발을 딛고 선 철학자다. 이 둘의 차이를 보는 것도 흥미롭다.

모든 기예와 탐구, 또 마찬가지로 모든 행위와 선택은 어떤 좋음을 목표로 하는 것 같다. 그렇기 때문에 사람들은 좋음을 모든 것이 추구하는 것이라고 옳게 규정해왔다. 그러나 추구되는 여러 목적들에는 어떤 차이가 있는 것처럼 보인다. 왜냐하면 어떤 것들의 경우 그 목적은 활동이며, 다른 것들의 경우에는 활동과는 구별되는 어떤 성과물이기 때문이다. 행위와 구별되는 목적이 있는 경우에는 그 성과물이 본성적으로 활동보다 더 낫다.

그런데 행위, 기예, 학문에는 여러 종류가 있기에 그 목적들 또한 많게 되는 것이다.

6) 마르쿠스 아우렐리우스, 박문재 옮김, 『명상록』
(현대지성, 2018)

『명상록』을 저술한 마르쿠스 아우렐리우스는 로마제국의 16대 황제이며 스토아 철학자였다. 자신의 생애 말기에 외적의 침공을 제압하려고 제국의 북부 전선인 도나우 지역으로 원정을 떠났다. 『명상록』은 그곳에서 10년에 걸친 기간에 쓴 철학 일기로 추정된다. 전쟁을 수행하고 통치하는 동안 머릿속에 떠오른 생각을 단편적으로 기록한 것으로, 논증적인 글과 경구가 번갈아 나온다. 그에게 자신의 내면은 외적인 어떤 것도 침범할 수 없는 '요새'였다. 『명상록』은 우리가 그의 요새로 들어가는 관문인 셈이다.

당시의 문학적 형식이나 장르에 속하지 않는 그야말로 마르쿠스가 자신의 개인적인 생각들을 비망록으로 쓴 것이기 때문에 제목도 처음에는 『그 자신에게』라고 붙였다가 17세기에 와서 『명상록』이라고 불렸다. 스토아 철학자이기도 한 마르쿠스는 정통 스토아 철학을 자신만의 독특한 방식으로 표현하기도 했다. 이 번역본에는 번역가의 상세한 해제와 아우렐리우스가 많은 영향을 받은 에픽테토스의 '명언집'을 부록으로 담았다.

인간의 최고의 가치는 무엇인가? 마르쿠스는 자신의 『명상록』에서 아주 표준적인 스토아 철학의 주제들을 사용하기도 하지만, 어떤 경우에는 우리가 예상할 수 없었던 자신만의 독특한 표현방식들을 사용하기도 한다. 그는 우리가 정체성을 규정하는 것은 본질적으로 우리를 "지배하고 있는 것"임을 강조한다. 그가 "우리를 지배하고 있는 것"

으로 표현한 것은 '이성'을 가리킨다. 그는 인간을 구성하는 서로 다른 부분인 '육신'과 '정신'을 대비한다. 마르쿠스가 '정신'을 나타낼 때 사용하는 그리스어는 '프쉬케(혼)'이지만, 스토아 철학에서는 일반적으로 '누스(정신)나 프뉴마(호흡, 숨, 생기)'라는 단어를 사용한다. … 마르쿠스가 그런 표현들을 통해서 말하고자 하는 것은 인간의 본성 중에서 진정으로 중요한 측면은 인간을 "지배하고 있는 부분인 '이성'"을 사용해서 '정신'을 통제하고, 이번에는 '정신'으로 하여금 '육신'을 통제해서 미덕의 삶을 살아내는 것이기 때문에 물질적으로 좋은 것들이나 감각을 만족시키는 이런저런 쾌락들 같은 "행복과는 무관한 것들"에 최고의 가치를 부여해서는 안 된다는 것이다.

감성에
눈뜨게 하는
문학 읽기

사람들이 바람직한 인성으로 많이 거론하는 것이 "차가운 이성과 뜨거운 가슴을 가진 사람"이다. '머리는 똑똑하고 마음은 따뜻한 사람'이 되라니, 좋은 사람이 되는 것은 어려운 일이다. 이 말은 곧 철학적 사고와 문학적 감성을 지닌 사람이 되라는 말인데, 생각처럼 쉽지 않다.

앞에서 철학적 사고가 왜 필요한지 이야기했으니 이제는 따뜻한 감성에 대해 알아보자. 그런데 따뜻한 마음과 감성은 어떻게 향상할 수 있을까? 살면서 만나는 다양한 사람들과 여러 경험을 통해 우리의 마음과 감성을 키우면 좋겠지만 집과 학교를 왔다 갔다 하는 청소년들에게는 무리가 있다. 쉬운 방법은 문학책을 읽는 것이다. 문학책 속에는 다양한 군상과 인생 문제 등이 담겨 있다. 직접 경험은 아니더라도 간접 경험은 충분히 할 수 있다.

나도 어릴 때 문학작품을 읽으면서 설레고, 마음이 간질간질했던 경험을 했다. 주인공의 고난에 마음 아파 눈물 흘리기도 하고 역경을 극복하는 모습을 보며 나 또한 삶에 용기를 얻기도 했다. 십수 년이 지난 지금도 그때의 추억을 떠올리면 풍부하게 느꼈던 감성이 생생하게 되살아나기도 한다.

문학은 영감과 아이디어의 원천이다

문학은 대표적인 대중문화라고 할 수 있는 영화나 드라마, 그리고 음악의 모티브가 되기도 한다. 그룹 방탄소년단의 리더 랩 몬스터는 연예계의 대표적인 독서가다. 그는 노래 가사를 쓸 때 책에서 영감을 얻는다고 한다. 특히 좋아하는 작가로 무라카미 하루키를 꼽는다. 자신이 직접 프로듀싱한 「바다」라는 곡은 무라카미 하루키의 소설 『1Q84』에서 영감을 얻은 것으로 잘 알려졌다. 『1Q84』의 한 구절 "희망이 있는 곳에 시련이 있다"에 감명받아서 작업을 시작했다. 그가 즐겨 읽는 분야는 문학이다. 그는 헤르만 헤세의 『데미안』, 무라카미 하루키의 『해변의 카프카』, 알베르 카뮈의 『이방인』 등 다양한 작품을 추천하기도 한다.

문학은 사상이나 감정을 언어로 표현한 예술로 시, 소설, 희곡, 수필, 평론 등 다양한 장르가 있다. 인기 작가 김영하가 방송에 나와서 이렇게 말했다. "초등학교 다닐 때 부모님 따라서 여섯 번이나 학교를 옮겨 다니느라 친구를 사귈 수가 없었습니다. 그때 유일한 위안은 부모님이 사다 준 어린이 세계문학전집을 읽는 것이었어요." 그 시절 책을 만나 오늘날 인기 작가가 될 수 있는 자양분을 얻은 것 같다.

문학은 위로다

문학은 알 수 없는 다른 사람들의 마음을 살짝 들여다볼 수도 있고, 내가 지금 겪는 갈등이 나 혼자만의 것이 아니라는 사실도 일깨워준다. 현재 공공도서관을 가보면 수만 권의 장서가 있는데, 그중 40~50%는 KDC 분류영역 800으로 문학이다. 왜 이렇게 문학을 많이 구매하느냐고 굳이 물을 필요가 없다. 공공도서관은 대중의 요구를 반영할 뿐이다. 그만큼 문학을 찾는 사람들이 많기 때문이다. 문학에서 친구 사귀는 법을 배우고, 사랑을 배우고, 슬픔과 기쁨을 표현하는 법을 배운다. 나는 현실에서는 아무리 힘들어도 거의 울지 않는다. 그런데 드라마를 보거나 영화를 보면, 눈물을 뚝뚝 흘린다. 나에게 문학은 항상 새로운 모습으로 다가와 현실에서 꾹꾹 눌러놓은 감정을 터뜨리게 한다.

살다 보면 누구나 힘들 때가 있다. 그럴 때 사실적인 작품을 쓰는 작가의 작품을 하나 골라 읽어보면 이런 생각이 든다. "그래 인생 뭐 있어, 다 그렇게 사는 거지."

얼마 전 중국 최초로 노벨문학상을 탄 모옌의 작품을 읽었다. 마오쩌둥 시대부터 덩샤오핑 시대를 사실적으로 묘사한 『사부님은 갈수록 유머러스해진다』는 중국의 한 시골 마을을 배경으로 다양한 인민들의 삶을 그려내고 있다. 우리 아버지가 살아낸 시대와 다르지 않았다. 함께 책을 읽은 어떤 이는 이 책을 읽고 자신의 아버지를 이해하게 되었다고 말했다. 문학은 그런 것이다. 누군가를 이해하는 따뜻한 가슴으로 살아갈 수 있는 인생의 아카데미

같은 역할을 한다. 질풍노도의 시기를 보내는 사춘기 아이들이 친구나 인생에 대해 고민하고 방황할 때, 슬쩍 문학책 한 권을 권해보면 어떨까.

청소년에게 권하고 싶은 문학책

1) 생텍쥐페리, 황현산 옮김, 『어린 왕자』
(열린책들, 2015)

프랑스인 생텍쥐페리는 미국에서 1943년 영어와 프랑스어로 된 『어린 왕자』를 출판했다. 그는 실제 비행기 조종사였다. 44세에 비행기 추락으로 생을 마감하기 전까지 그는 많은 글을 썼다. 짧은 생을 살다 갔지만 그의 작품은 지금까지도 많은 사람들에게 사랑을 받고 있다.

생텍쥐페리의 『어린 왕자』는 아이들의 언어로 쓴 어른의 동화라고 할 정도로 글에 내포된 뜻이 깊다. 결국 사람의 마음을 얻어야 행복해질 수 있는데, 그러려면 참고 기다릴 줄도 알아야 한다는 메시지를 전한다.

이 책은 전 세계 독자들로부터 큰 인기를 얻었다. 출간 이후 꾸준히 사랑받아 스테디셀러로 자리매김했고, 세상에서 가장 순수한 영혼을 통해 진정한 삶의 가치와 의미를 전하는 걸작이다.

순수성을 허락하지 않는 세상에서 끊임없이 방황하고 고뇌한 생텍쥐페리. 그는 세상을 바꿀 수는 없지만 희망을 그리고 싶었고, 자신이 동경하고 희망하는 삶을 '어린 왕자'로 형상화했다.

소행성에서 지구까지 여행하면서 어린 왕자가 만나는 사람들, 즉 권력을 가진 왕, 허영심으로 가득한 남자, 술꾼, 장사꾼, 가로등 켜는 사람, 지리학자는 세상의 모순을 그대로 보여준다.

그들이 가진 권력, 허망, 자기 학대, 물질 등은 세대를 불문하고 마치 삶의 진리인 듯 포장되어 있다. 여행의 종착점인 지구에는 특히 많은 모순이 존재한다. 생텍쥐페리는 이런 지구에 꿈과 희망을 전하고자 어린 왕자를 보냈다.

어린 왕자가 여우에게 길들여진다는 게 뭐냐고 물었다.

여우가 말했다.

"우리는 길들인 것만을 알 수 있어. 사람들은 새로운 것을 알려고 하지 않아. 가게에서 이미 만들어진 물건을 사지. 하지만 친구를 파는 가게는 없어! 사람들은 이제 친구를 사귈 수도 없게 될 거야. 만일 내가 친구를 사귀고 싶다면 나를 길들여야 한다는 말이야."

어린 왕자가 물었다.

"그러면 내가 어떻게 하면 되는데?"

여우가 대답했다.

"인내심이 필요해. 일단은 나와 좀 떨어진 풀밭에 앉아. 내가 하는 것처럼 이렇게. 내가 너를 살짝 곁눈질로 쳐다보면 너는 아무 말도 하지 말고 그대로 있어. 말은 수많은 오해의 원인이 되거든. 하지만 하루하루 시간이 지날 때마다 넌 내게 조금씩 다가오게 될 거야."

2) 헤르만 헤세, 전영애 옮김, 『데미안』
(민음사, 2000)

헤르만 헤세는 독일 사람이다. 그러나 그는 성인이 된 후의 대부분 삶을 스위스에서 살았다. 이유는 전쟁과 히틀러의 유대인 학살을 매우 싫어했다고 한다.

『데미안』은 1946년 노벨문학상을 받은 헤세의 대표작인데, 1919년 에밀 싱클레어라는 가명으로 출간되었다. 이 책은 1차 세계대전 이후 젊은 세대에게 "감전되는 듯한 충격을 주면서 이루 말할 수 없는 정교함으로 시대의 신경을 건드린 작품"이라는 평을 들었다.

누구나 한 번쯤은 '데미안'을 만나고, 누구나 한 번쯤은 '데미안'이 된다는 말이 있다. 사람이 태어나서 성장하는 과정을 헤르만 헤세만의 섬세한 감성으로 그려낸 명작이다. 데미안을 통해 참다운 어른이 되어가는 소년 싱클레어의 이야기는 한 폭의 수채화처럼 아름답고 유려한 문장으로 많은 사람의 사랑을 받았다. 감수성이 풍부한 주인공 싱클레어가 소년기에서 청년기를 거쳐 어른으로 자라가는 과정이 세밀하고 지적인 문장으로 그려져 있다. 진정한 삶에 대해 고민하고 올바르게 살기 위해 노력하는 데미안과 싱클레어의 깊이 있는 이야기는 자신의 앞길이 막연해서 불안한 아이들에게 위로가 될 수 있다.

이 책은 표면적인 성장 이야기 아래에 상당히 난해한 심층구조가 깔려 있다. 단순하면서도 복잡한 이런 구조 덕분에 한 젊은이의 자기 고백으로 읽히는 이 소설은 청소년 소설을 넘어 심오한 깊이를 지닌 고전 작품으로 인정받는다.

새는 알에서 나오려고 투쟁한다. 알은 세계다. 태어나려는 자는 하나
의 세계를 깨뜨려야 한다. 새는 신에게로 날아간다.
우리가 보는 사물들은 우리 마음속에 있는 것과 똑같은 사물들이지.
우리 마음속에 가지고 있지 않은 현실이란 없어. 그렇기 때문에 대부
분의 사람들이 그토록 비현실적으로 사는 거지.
그들은 바깥에 있는 물상들만 현실로 생각해서 마음속에 있는 그들
자신의 세계가 전혀 발현되지 못하게 하기 때문이야.
나는 오로지 내 안에서 저절로 우러나오는 것에 따라 살아가려 했을
뿐. 그것이 어째서 그리도 어려웠을까?”

3) 제롬 데이비드 샐린저, 공경희 옮김, 『호밀밭의 파수꾼』
(민음사, 2001)

『호밀밭의 파수꾼』은 1951년 처음 발표된 이래 가장 사랑받는 고전의 자리
를 놓치지 않았던 J. D. 샐린저의 장편소설이다.

홀든 콜필드라는 16세 소년이 학교에서 퇴학당한 후 집으로 돌아가기까지
단 2일간의 이야기다. 뉴욕 부르주아 집안의 아들이지만 허영과 위선으로
가득 찬 사립학교와 사람들을 견디지 못하는 그의 독백이 특히 인상적이다.
영화, 문학, 음악 등 문화계 전반에 커다란 영향을 미친 소설이다.

이 책은 인간 존재를 특징짓는 공허함과 소외를 애써 무시하는 사회의 태도를 고발한다. 감수성이 예민한 콜필드가 어른의 사회를 위선으로 규정하고 거부하는 것은, 어른이 되는 과정에서 우리 모두가 겪는 통과의례다.

이 소설이 그토록 호소력을 갖는 이유는, 우리 스스로 콜필드처럼 세상을 향해 외치는 억압된 자아의 목소리를 느낄 수 있기 때문이다. 누구나 10대에 콜필드와 비슷한 경험을 했을 것이며, 이러한 공감대가 이 작품의 가장 큰 매력이다. 그렇기 때문에 예민한 독자라면 『호밀밭의 파수꾼』을 읽기가 힘들 수도 있다. 『호밀밭의 파수꾼』은 샐린저의 자전적 요소가 강하다. 그런 점에서 작가 자신에게 진실한 소설이며, 그만큼 우리에게도 설득력 있게 다가온다.

지금 네가 떨어지고 있는 타락은, 일반적인 의미에서가 아니라 좀 특별한 것처럼 보인다. 그건 정말 무서운 거라고 할 수 있어. 사람이 타락할 때는 본인이 느끼지 못할 수도 있고, 자신이 바닥에 부딪치는 소리를 듣지 못하는 경우도 있는 거야. 끝도 없이 계속해서 타락하게 되는 거지.

분명히 말하지만, 내가 만약 피아노를 연주하거나 배우 같은 일을 하는 사람이라면, 저런 바보 같은 사람들이 나를 대단하다고 생각하는 것 자체가 더 끔찍한 일일 것 같다. 저들이 내게 박수갈채를 보내오는 것조차 싫을 것이다. 사람들이란 늘 별것도 아닌 일에 박수를 치

곤 하니 말이다. 내가 피아노 연주자라면, 난 옷장 속에 들어가 연주
할 것이다.

4) 윌리엄 셰익스피어, 최종철 옮김, 『햄릿』
(민음사, 1998)

영국이 자랑하는 세기적인 극작가 셰익스피어의 희곡으로, 왕위를 빼앗긴
주인공 햄릿이 부왕의 망령으로 인해 겪는 갈등과 복수를 치밀하게 그렸다.
서구 문학사에서 한 획을 그었다고 해도 과언이 아닐 정도로 문제적 인물로
평가받아온 햄릿. "죽느냐 사느냐"의 대사가 한동안 회자되던 시절이 있었다.
햄릿의 처절한 고뇌를 엿볼 수 있는 대사다.

셰익스피어의 4대 비극 작품 중 대표작이기도 한 이 책을 통해 세계의
모든 작가 중 사람의 감정묘사를 가장 잘한다는 셰익스피어를 느껴볼 수
있다.

"있음이냐 없음이냐, 그것이 문제로다. 어느 게 더 고귀한가. 난폭한
운명의 돌팔매와 화살을 맞는 건가, 아니면 무기 들고 고해와 대항하
여 싸우다가 끝장을 내는 건가. 죽는 건–자는 것뿐일지니, 잠 한 번
에 육신이 물려받은 가슴앓이와 수천 가지 타고난 갈등이 끝난다 말
하면, 그건 간절히 바라야 할 결말이다."

5) 레프 톨스토이, 이강은 옮김, 『이반 일리치의 죽음』
(창비, 2012)

러시아의 대문호 레프 톨스토이의 중단편 중에서 가장 훌륭하다는 평가를 받는 작품이다. 톨스토이의 작품이 단편집을 제외하면 대부분 분량이 많다. 아직 청소년들이 읽기에 적합하지 않을 수 있어서 이 작품을 선택했다. 이 작품에서는 톨스토이가 가진 삶에 대한 생각과 문제의식이 잘 드러난다.

이 책은 한 인간이 죽음 앞에서 자신의 삶 전체를 되짚어보며 그 의미를 파고드는 과정을 매우 밀도 있고 설득력 있게 그려냈다. 보편적인 인간의 삶과 운명을 근본부터 다시 생각해보게 한다.

한 인간의 삶과 죽음을 냉철하게 관찰하고 분석·묘사하고 그것을 극적으로 그려냄으로써 보편적 삶의 본질을 통찰한다. 이 책을 통해 타고난 이야기꾼이라는 평을 듣는 톨스토이를 만날 수 있다.

죽음, 그래 죽음이다. 그런데 저 사람들은 아무도 모르고 알려고 하지도 않고 불쌍히 여기지도 않는구나. 그저 즐겁게 놀거나 하는구나. (문 저쪽에서 사람들의 노랫소리와 반주 소리가 흩어져 들려왔다) 다 마찬가지다, 저들도 모두 죽을 것이다. 바보들 같으니. 내가 먼저 가고 너희들은 좀 나중일지 몰라도 죽음을 피할 수는 없다. 그런데도 저렇게 즐거울까, 짐승 같은 놈들!'

죽음이 다른 어떤 일도 하지 못하도록 자꾸만 그를 끌어당기고 있다.

그저 죽음만을 바라보도록, 피하지 않고 똑바로 죽음을 응시하도록.
그는 오랫동안 곁에서 떠나지 않던 죽음의 공포를 찾으려 했으나 찾
을 수 없었다. 죽음은 어디에 있지? 죽음이 뭐야? 죽음이란 것은 없
었기 때문에 이제 그 어떤 공포도 있을 수 없었다. 죽음 대신 빛이 있
었다.

'끝난 건 죽음이야. 이제 더 이상 죽음은 존재하지 않아.'

6) 미겔 데 세르반테스 사아베드라, 김정우 옮김, 『돈키호테』
(푸른숲주니어, 2007)

스페인이 낳은 가장 위대한 소설가, 극작가이자 시인이라 불리는 세르반테
스가 쓴 모험 소설로, 첼리스트 장한나를 비롯해 허먼 멜빌, 마크 트웨인, 프
란츠 카프카 등 세계 최고의 작가들이 '문학사상 가장 위대한 소설'로 꼽은
작품이다. 기사도 소설에 미쳐 세상을 떠돌며 악을 처단하고 약자를 구원하
는 편력 기사가 되기로 결심한 돈키호테와 어리숙한 시종 산초의 엉뚱하면서
도 흥미진진한 여정이 펼쳐진다.

작가인 세르반테스는 돈키호테의 눈을 통해 16세기 스페인의 부조리한 사
회 구조와 지배 계급의 행태를 풍자하고 조소를 보내며, 이전의 소설에서는
볼 수 없는 독특한 구조와 세련된 전개 방식을 사용해 서구 최초의 근대 소
설 양식을 창조해냈다.

『돈키호테』는 지역과 시대에 따라 다양하게 해석할 수 있는 폭넓은 깊이를

지녀 수백 년이 지난 오늘날까지 독자들의 꾸준한 사랑을 받고 있다. 현대에서 돈키호테의 의미는 무엇인지, 꿈을 이루기 위해서 어떤 마음가짐을 가져야 하는지 생각해보게 한다.

스스로 편력 기사라 부르며 엉뚱하고 무모한 도전을 감행했던 돈키호테는 400년이라는 시간을 넘어 꿈을 향해 끊임없이 도전하는 사람을 이르는 대표적인 말로 쓰인다. 한낱 소설 주인공에서 이제는 도전과 모험의 대명사가 된 것이다.

세르반테스는 『돈키호테』 안에 자기가 겪은 스페인의 영광과 쇠퇴를 모두 담으려 했다. 그 결과 기사도 소설 속에만 존재하는 영광의 세계를 현실에서 찾는 돈키호테가 탄생한다. 결국 이 작품은 인생의 후반에 돌아본 세르반테스 자신의 삶과 세계 정복의 꿈을 잃고 쇠락해가는 조국의 모습에 대한 애정 어린 풍자인 셈이다.

"편력을 행할 수 없는 동안은 목동이 되어 지내면 좋겠구나. 네가 좋다고 한다면 말이다."

"아무리 그래도 주인님은 라만차의 기사, 사자의 기사인걸요. 목동의 지팡이가 아닌 창을 잡아야 합니다요."

"딱 1년 동안만이다. 그러고 나면 다시 기사의 직분으로 돌아갈 것이니라. 내가 시에라 모레노 산에서 했던 말을 기억하느냐? 기사는 시심詩心이 넘치는 사람이라고 했던 말 말이다."

"기억나고말고요."

"목동도 마찬가지니라. 목동은 순하디순한 동물들을 돌보며 초원을 돌아다니지. 자연이 주는 온갖 혜택을 누리면서 말이다. 시냇물의 노래를 듣고, 맑은 샘물을 마시며, 잘 익은 나무 열매를 따서 먹겠지. 나무는 시원한 그늘을 마련해주고, 꽃들은 향기로 우리를 맞이하며, 어두운 밤에는 달과 별이 빛을 줄 것이다. 이렇게 아름다운 하루하루를 만끽하고 한가롭게 사색을 하며 보내는 것이니라. 그러니 기사의 책무를 벗어 놓는 1년 동안 이보다 더 적당한 일이 어디 있겠느냐?"

7) 리처드 바크, 공경희 옮김, 『갈매기의 꿈』
(나무옆의자, 2018)

리처드 바크는 1936년 미국 일리노이주에서 태어났다. 롱비치 주립대학에서 퇴학당한 뒤 공군에 입대해 비행기 조종사가 되었다. 상업 비행기 조종사로 일하면서 3,000시간 이상 비행했으며, 자유기고가로 활동하며 비행 잡지에 몇 편의 글을 썼다. 해변을 거닐다가 공중에서 들려오는 목소리에 이끌려 집으로 돌아와 곧바로 쓰기 시작한 작품이 『갈매기의 꿈』이다. 세대를 넘어 수많은 독자에게 가슴 뭉클한 감동을 안겨준 최고의 베스트셀러 『갈매기의 꿈』은 내 인생 책이기도 하다.

전직 비행사였던 작가가 비행에 대한 꿈과 신념을 실현하고자 끊임없이 노력하는 갈매기 조나단 리빙스턴의 일생을 통해 모든 존재의 초월적 능력을 일깨운 우화 형식을 띤 신비주의 소설이다. 갈매기 조나단은 자유의 참 의미를 깨닫기 위해 비상을 꿈꾼다. 특히 갈매기들의 따돌림에도 흔들림 없이 꿋꿋하게 자신의 꿈에 도전하는 갈매기 조나단의 인상적인 모습에서 자기완성의 소중함을 깨달을 수 있다.

작가는 "가장 높이 나는 새가 가장 멀리 본다"는 삶의 진리를 일깨우며, 우리 인간들에게 눈앞에 보이는 일에만 매달리지 말고 멀리 앞날을 내다보며 저마다 마음속에 자신만의 꿈과 이상을 간직하며 살아가라고 이야기한다.

> "왜 그러니, 존? 왜 그래? 여느 새들처럼 사는 게 왜 그리 어려운 게냐, 존? 저공비행은 펠리컨이나 알바트로스에게 맡기면 안 되겠니? 왜 먹지 않는 게냐? 얘야, 비쩍 마른 것 좀 봐라!"
> "비쩍 말라도 상관없어요, 엄마. 저는 공중에서 무얼 할 수 있고, 무얼 할 수 없는지 알고 싶을 뿐이에요. 그게 다예요. 그냥 알고 싶어요."

8) 황선미, 그림 김환영, 『마당을 나온 암탉』
(사계절, 2002)

황선미 작가의 『마당을 나온 암탉』은 알을 품어 병아리의 탄생을 보겠다는 소망을 안고 양계장을 나온 암탉 '잎싹'이의 이야기를 그렸다. 삶과 죽음, 소망과 자유 등의 심오한 주제가 담긴 동화다. 꿈을 간직한 삶의 아름다움과 당당함 그리고 지극한 모성애의 승화 과정이 가슴을 뭉클하게 한다.

『마당을 나온 암탉』은 주인공 잎싹이 소망을 굳게 간직하고 자기 삶의 주인으로 꿋꿋하게 살아가는 모습과 독특히고 개성적인 등장인물의 다양한 삶을 통해 우리는 '나는 누구이며, 어떻게 살아야 하는가?'에 대한 기본적인 질문과 마주한다.

"잎싹아. 너는 훌륭한 어미 닭이야."

"아냐, 그런 말을 듣자는 게 아냐."

"그래도 말하고 싶어. 나는 날지 못하게 된 야생 오리고, 너는 보기 드문 암탉이야."

"그래 그렇다고 해도…."

"그러면 된 거야. 우리는 다르게 생겨서 서로를 속속들이 이해할 수 없지만 사랑할 수는 있어. 나는 너를 존경해."

9) 루쉰, 그림 자오옌녠, 이욱연 옮김, 『아Q정전』
(문학동네, 2011)

중국 근대문학의 선구자 루쉰의 대표작 『아Q정전』은 신해혁명 전후의 중국 사회를 아Q라는 시골 날품팔이의 삶을 통해 묘사한다. 당시의 기형적인 중국 사회와 왜곡된 중국인의 모습을 보여준다. 혁명의 소용돌이 속에서 희생되는 아Q의 허무한 인생을 현실적으로 그린다. 착취와 소외에 억눌린 중국 민중과 그들의 비참하고 어리석은 인생을 통렬하게 묘사한다. 루쉰의 당대 현실 인식과 중국 변혁에 대한 의지와 희망이 집약된 중국 근대문학의 이정표와 같은 소설이다.

아래는 권력 앞에서 쉽게 굴복하고, 권력을 본능적으로 '존경'하는 천민의식이 모두에게 퍼져 있던 시대상을 보여주는 구절이다.

> 잘못이 아Q에게 있다는 것은 더 말할 나위가 없었다. 왜 그런가? 자오 나리에게 잘못이 있을 리 없기 때문이다. 그런데 아Q가 잘못한 게 분명한데도 왜 다들 그를 특별히 존경하는 것일까? 이해하기 어려웠다. 이유를 헤아려 본즉 아Q가 자오 나리와 한집이라고 했다가 맞기는 했지만 사람들이 그래도 혹시 진짜일지 모르니 존경해주는 편이 나중에 낭패를 보지 않는 길이라고 생각한 때문이었다. 그렇지 않다면 공자 사당에 바치는 제물의 이치와 같다고 할 것이다. 제물이라고 해도 어차피 돼지나 양 같은 가축이지만 일단 성인께서 젓가락을 댄 이상 선비라도 감히 함부로 다루지 못하는 이치 말이다.

10) 조지 오웰, 도정일 옮김, 『동물농장』
(민음사, 1998)

1945년에 간행된 조지 오웰의 대표작이다. 어떤 농장의 동물들이 늙은 돼지 메이저의 부추김으로 농장주의 압제에 대항해 반란을 일으켜 인간의 착

취가 없는 '모든 동물이 평등한 이상사회'를 건설한다. 그러나 돼지들이 지도자가 되고 그중에서도 힘이 센 스노볼을 돼지의 지도자 나폴레옹이 내쫓은 뒤로는 동물들이 옛날보다 더 심하게 혹사당하게 된다. 이윽고 인간과 거래가 부활하고, 그 사회를 위하여 눈물겨운 투쟁을 했던 말 복서도 일할 수 없게 되자 도살용으로 인간에게 팔려서, 결국 돼지사회도 인간사회와 별 차이가 없어진다. 권력과 스탈린주의를 비판하는 풍자소설이다.

이 소설의 작가 조지오웰은 인도에서 하급 공무원의 아들로 태어났다. 8세 때 사립예비학교에 들어갔으나, 이곳에서 상류층 아이들과 심한 차별을 맛보며 우울한 소년 시절을 보냈고, 장학생으로 들어간 영국 이튼스쿨의 학창 시절도 계급 차이를 뼈저리게 실감하는 계기가 되었다. 대학 진학을 포기하고 1922년부터 5년간 미얀마에서 대영제국 경찰로 근무했으나 점차 자신의 직업에 회의를 느껴 직장을 그만두고 파리로 건너가 작가 수업을 받았다.

유럽으로 돌아와 파리와 런던에서 부랑자 생활을 하고 잠시 초등학교 교사 생활을 거쳐 영국 노동자들의 삶에 관한 조사 활동에 참여했다. 이 시기의 경험을 토대로 한 소설이 1933년의 첫 소설 『파리와 런던의 밑바닥 생활』과 1935년 『버마 시절』이다. 전체주의를 혐오한 그는 스페인 내전에도 참가했는데, 그 체험을 기록한 1936년 『카탈로니아 찬가』는 뛰어난 보도 문학으로 평가받는다. 그리고 제2차 세계대전 직후인 1945년에는 러시아 혁명과 스탈린의 배신을 우화로 그린 『동물농장』으로 일약 세계적 명성을 얻었다. 이러한 작가의 삶은 이 작품을 이해하는 데 도움이 될 것이다.

나폴레옹은 이제 단순히 나폴레옹으로 호칭되는 것이 아니었다. 그에 대한 공식 칭호는 '우리의 지도자 나폴레옹 동무'로 바뀌었고, 이밖에도 돼지들은 '모든 동물의 아버지', '인간들의 두려운 존재', '양떼의 보호자', '어린 오리들의 친구' 등의 칭호를 그에게 갖다 붙였다. 미니무스가 지은 「나폴레옹 동무」라는 시는 농장의 이런 느낌을 잘 표현해주고 있다.

"아비 없는 것들의 친구이시며

행복의 샘이시고

마실 것의 주인이신 그대여! 오 내 영혼은

불붙도다. 침착하고 위엄에 넘친

하늘의 태양 같은 당신의 눈을 볼 때마다

아아 나폴레옹 동무시여."(83~84쪽)

부모가 먼저 읽고 권한다

아이들이 어린 시절에는 비교적 책을 많이 접한다. 부모라면 누구나 공감할 텐데, 좋은 부모가 되고 싶고 우리 아이에게 뭐든 해주고 싶어서 책을 많이 읽어준다. 이때 읽어주는 책은 주로 문학책이다. 오래전부터 내려오는 신화나 설화 또는 상상을 뒷받침해주는 동화책들이다.

어린 시절에는 상상력을 키워주는 책들이 좋다. 유치원이나 초등학교 저학년 때는 그림과 글을 동시에 접할 수 있는 그림 동화가 좋다, 아직도 만화에 대한 이미지가 왜곡되어서 그림이 많은 책은 안 좋은 책으로 인식할 때가 많다. 그럴 필요가 없다. 책이 내용이 나쁘시 않다면 그림과 글을 동시에 이해할 수 있는 기회가 된다.

인기 드라마 작가 김은숙은 한 인터뷰에서 자신의 상상력은 어린 시절 읽었던 만화를 통해 길러졌으며, 그때 읽은 순정만화에서 드라마의 모티브를 얻었다고 했다.

아이들이 책과 친해지면 세계문학전집에 도전해보라고 권하고 싶다. 나는 중학교 1학년 여름쯤 도서관에서 세계문학전집을 처음으로 읽기 시작했다. 그것이 계기가 되어 중학교 졸업하기 전 거의 150여 권에 달하는 책을 다 읽었다. 세계문학전집을 읽고 나니 한국문학전집도 궁금해져서 읽게 되고, 그런 과정에서 책 읽는 습관이 생겼다. 세계문학에는 우리가 일일이 경험해보지 못한 나라들의 문화와 이야기가 다 들어 있다. 독서력이 좀 더 향상되면 영국이 그토록 자랑하는 셰익스피어의 작품들을 권한다. 인간의 감정을 표현하는 측면에서 최고의 작품이다. 셰익스피어는 사람이 느낄 수 있는 기쁨과 슬픔의 간극을 가장 깊이 있게 표현한 작가라고 생각한다.

다음으로는 러시아의 대표 작가 톨스토이의 작품을 권한다. 톨스토이는 타고난 이야기꾼이다. 그의 작품 『부활』, 『전쟁과 평화』, 『안나 카레니나』 등에는 수많은 등장인물이 있지만, 그중 누구 하나 필요 없는 인물이 없을 정도로 인물이 생생하게 묘사되고 작품을 전개하는 데 중요한 역할을 한다.

톨스토이와 함께 러시아를 대표하는 작가로 꼽히는 도스토옙스키는 러시아 현대문학에 지대한 영향을 주었으며, 『죄와 벌』, 『카라마조프의 형제들』 같은 작품을 남겼다. 우리나라 작가 중에도 그의 작품을 읽고 글을 쓰기로 마음먹었다고 고백한 사람들이 꽤 있다. 『채식주의자』로 한국인 최초로 맨부커상을 받은 작가 한강이 대표적이다.

여기에 소개된 책들을 빠른 시간에 읽으려고 하지 말고, 오래 걸려도 좋으니 독서 리스트 속에 포함해 아이들이 성장하는 속도에 맞추어 읽게 하면 좋다. 특히 부모가 먼저 읽고 권한다면 훨씬 유익할 것이다.

4장

책 속에서
길을 찾은 아이들

책을 많이 읽는 부모의 아이들이 책을 많이 읽는다. 늘 책이 가까이 있는 환경을 만들고 부모가 책 읽는 모습을 자주 보여주면 아이들도 자연히 책을 가까이하게 된다. 세상에 억지로 되는 일은 없다. 책 읽는 아이로 키우고 싶다면 부모가 먼저 솔선수범해야 한다.

나를 성장시킨
독서

나는 직업 특성상 많은 청소년을 만난다. 그렇게 만난 청소년들이 대학을 가거나 유학을 가도 방학이 되면 아직도 찾아온다. 시간이 꽤 오래 지났는데 아직도 찾아오는 이유가 뭘까 궁금해서 한번은 물어봤다.

"어쩐 일이야? 바쁠 것 같은데 아직도 선생님이 생각나?"

"그럼요, 그때 도서관에서 함께 책도 읽고 놀이처럼 토론도 했던 것이 제일 기억에 남아요. 유학을 가니까 거의 수업을 그렇게 하는데 전혀 낯설지가 않아요."

거침없이 말하는 아이들은 자신감이 넘쳐 보였다.

그랬다. 지금부터 6년 전에 초등학교 고학년을 대상으로 'Read and Talk'이라는 영어독서 토론을 진행했다. 고등학교 2학년 멘토 4명과 초등학교 5학년부터 중학교 1학년까지 멘티 15명이 모여서 책도 읽고 자유토론을 하는데, 1시간 30분 동안 웃음소리가 끊이지 않았다. 이유는 간단하다. 모든 진행을 그들에게 맡겼기 때문이다. 주제 도서도 멘토와 멘티가 상의해서 선정했고, 토론방식도 자유롭게 했다. 나는 다만 그들을 방치하지 않고 매번 함께 있었을 뿐이다. 그들을 지켜봐주고 잘한다고 칭찬해주고 자랑스럽다고 안아주고 했다.

이 영어독서 토론팀은 강남구를 대표해서 북 축제 기간에 공원에서 토론하는 모습을 현장에서 재연하기도 했다. 참여하는 아이들 스스로 자부심이 대단했다. 지금 생각해도 저절로 입가에 미소가 나올 만큼 나에게도 행복한 기억으로 남아 있다. 그렇게 만난 친구들은 아직도 그 시절을 기억하며 그리워한다.

"어릴 때 책 읽던 습관이 다시 살아 돌아왔어요"

그때 선재를 이 팀의 멘토로 처음 만났다. 참 예쁘고 조용한 카리스마가 있었던 그 아이는 서울대학교를 졸업하고 현재 연세대 로스쿨대학원에서 법률가를 꿈꾸며 열심히 공부하고 있다. 대학을 입학한 이후에도 우리 도서관에서 'Read Classic'이라는 영어책 함께 읽기 프로그램 진행자로 대학교 4학년 1학기까지 봉사했다. 선재는 지금 내게 친구다. 언제나 책을 손에서 놓지 않던 선재에게 내가 물었다.

"선재야 너는 언제부터 그렇게 책을 좋아했니?"

"선생님, 저는 어릴 때 엄마가 도서관에 많이 데리고 갔어요. 거기서 놀게 했는데 할 수 있는 게 책 읽는 것밖에 없었어요. 다행히 그게 재미있었어요."

그러다가 중학교 시절에 사춘기가 오면서 책과 거리를 두고 많이 방황했다고 한다. 선재는 고등학교에 들어간 후 도서관에서 아이들의 멘토로 활동하면서 다시 책을 읽게 되었고, 지금은 아무리 시간이 부족해도 꾸준히 책을 읽는다고 한다.

　"선생님 독서도 몸과 마음이 기억하는 것 같아요. 어릴 때 책 읽던 습관이 크면서 다시 살아 돌아오는 것 같아요."

　나는 선재의 이야기를 이 책을 읽을 독자들에게 들려주고 싶었다. 선재에게 독서는 어떤 건지 들어보았다. 선재가 자신에게 영향을 준 책 이야기를 하는데, 아이유가 좋아하는 책과 겹쳤다. 서로 통하는가 보다. 선재는 그 책을 다음과 같이 소개했다.

　"밀란 쿤데라의 소설 『참을 수 없는 존재의 가벼움』에서 주인공 테레사는 '책을 들고 있던' 토마스를 보고 사랑에 빠지는데, 그녀에게 책이란 지성의 상징이며, 현실로부터의 도피구이자 동경의 대상이기 때문이에요."

　'책'은 수많은 사람들에게 각자 다른 '기의'를 갖는 '기표'인데, 서로 다른 사람들과 다른 문화권에서도 어느 정도의 동일한 상징성을 갖는다. 지성의 상징, 간접 체험의 장, 내면의 성찰 등은 전 지구적 차원에서 책이 갖는 공통적인 의미다. 또 책은 각 개인에게 각자만의 특별한 의미가 있는데, 선재에게 책은 '순수함'으로의 회귀가 아닐까 싶었다.

나 혼자만의 세계로
떠나는 여행

초등학교 때 선재는 소설을 편독하는 책벌레였다. 학교가 끝나자마자 도서관으로 달려가 책을 읽다가 밥 먹을 때가 되면 책 2권을 빌려 왔다. 집에 오는 길에도 책을 읽으면서 걸어왔다. 그렇다고 폐쇄적이거나 조용한 성격은 아니었는데, 다른 사람들과 있다가도 책을 읽을 때는 돌변하곤 했다. 이를테면, 친구 집에 놀러갔을 때 읽고 싶은 책이 있으면 친구를 내버려두고는 혼자 책을 다 읽고 나서야 친구와 놀았다고 한다. 그때마다 선재의 어머니는 딸의 사회성을 걱정하곤 했다.

어린 시절의 선재에게 책은 다른 사람들과 있는 세계에서 철저하게 분리되어 혼자만의 세계로 떠나는 매개체였다. 책을 펴는 순간 선재는 곧바로 '다른 세계'로 분리되었는데, 그곳에서 다른 누구에게도 보이지 않는 자신만의 세계를 구축했다. 당시에는 그저 '재미있어서' 책을 읽는다고 생각했지만, 돌이켜보면 책을 읽는 것은 가장 내밀한 자아를 가까이에서 만나는 행위였다. 어린 시절 선재는 그러한 책의 매력에 몹시 매료되었고, 책을 통해 자기만의 세계로 들어가는 것을 즐겼다.

중학교 때 갑자기 사춘기가 찾아오면서 모든 것이 부조리하고 의미 없게 느껴졌고 자신조차 싫어져 책을 급작스레 멀리했다. 좋아하던 책을 멀리하면서 또래 친구들과 어울려 선생님께 대들기도 하고, 나름 반항적인 생각에 빠져들기도 했다. 그러면서도 항상 어딘가 공허했다. 그렇게 3년을 우울하게 보내고 고등학교에 올라가면서 사춘기를 벗어났다. 다시 책을 가까이하면서 자존감도 회복하고 쾌활한 성격을 되찾았다.

어느 날, 책장에 꽂혀 있던 『데미안』을 문득 꺼내 읽었다. 어릴 때처럼 정신없이 몰입해서 읽지는 못했지만, 앉은 자리에서 약 200페이지가량의 얇은 중편을 다 읽으면서, 한때는 그토록 좋아했던 '책'과 수줍고도 조금은 어색하게 재회하는 듯한 기분이었다. 그날 이후로 공부하는 틈틈이 책을 읽었다. 대학교에 입학한 후 1년 정도가 지날 때까지도 틈틈이 책을 읽었지만, 어린 시절 그 '책벌레'의 모습은 어느새 사라진 듯했다. 이전에는 한 번 책을 펴면 그대로 쭉 읽었는데 이제는 책을 읽다가도 쉽게 딴짓을 했다.

선재가 다시금 책을 사랑하게 된 것은 대학교 2학년 때였다. 당시 이른바 '대2병'이라는 것을 앓았는데, 진로를 고민하면서 자신 없어 하는 시기를 일컫는다. 이때 늘 스스로 초라하게 느껴지고 어떤 진로도 모두 자신 없게 느껴졌다. 자신이 없으니 공부도 하기 싫고 해서 소설책을 쌓아놓고 읽기 시작했다. 책을 내려놓으면 무언가라도 해야 할 것 같은 마음에 계속해서 책을 읽었다. 2학년 여름방학에는 한 달 정도 중국으로 어학연수 겸 체험학습 프로그램을 갔다. 중국에 있는 한 달 동안에도 10권이 넘는 책을 읽었다. 같이 간 사람들이 술을 마시는 동안에 혼자 들어와서 책을 읽곤 했다. 무리에서 혼자 빠져나와 거닐면서 읽었던 책의 내용과 나 자신을 생각하며 사색하는 시간을 보냈다.

초등학교 이후로 다시 한번 책은 선재에게 가장 내밀한 자아를 발견하게 해주는 매개였고, 정신없이 책에 열중하면서 어린 시절 이후 떠나보냈다고 생각했던 매우 순수한 자신으로 돌아간 듯한 기분이 들었다고 한다. 다른 사람들에 대한 의식, 해야 하는 일의 압박에서 온전히 벗어나 자기만의 세계에 푹 빠져 있는 그 느낌. 선재는 '나 혼자만의 세계'에 진입했음을 의식하는 순간 더없는 충족감이 느껴진다고 한다.

책을 통해 찾은 새로운 진로

정신없이 탐독하면서 선재는 '존재에 대한 회의'와 그에 따른 무기력에서 빠져나올 수 있었고, 다른 누군가에게 털어놓기 어려운 마음의 고민을 책 속에서 위로받는 방법을 배웠다.

그 후 대학 시절 내내 책을 들고 다니며 책벌레로 살았다. 책을 읽다 보면, '이 정도의 깊이 있는 글을 쓰기 위해서 작가는 얼마나 치열하게 고민하며 살았을까?' 하는 생각이 들어서 그 작가와 관련된 수업도 듣고, 책을 읽고 느낀 점들을 공강 시간에 열심히 노트에 적기도 했다.

때때로 책 속 인물과 작가의 삶을 찾아보며 이들이 삶의 의미를 찾기 위해 치열하게 사는 것과 달리 자신은 너무도 안락하게 살아가며 사치스러운 고민을 했다는 생각에 부끄러울 때도 있었다. 그러다가도 이 작가들이 삶의 의미를 찾아내는 본질은 그 삶이 특별해서라기보다는 근본적인 인간에 대한 애정이 아닐까 싶었다. 그럴 때면 선재는 지금처럼 자신의 삶을 그저 살아가면서도, 초라한 경험일지언정 그 안에서 자신만의 경험과 고민으로도 삶의 의미에 대한 나만의 답을 찾을 수 있으리라 믿었다. 이러한 고민이 대학 시절의 나를 무엇보다 풍성하게 한 자양분이 되었다. 로스쿨에 진학할 때 선재가 쓴 자기소개서 중에서 독서와 관련한 내용이다.

고등학교 시절 읽었던, 여성 역사학사 아이리스 장의 『난징대학살』은 나에게 동양사학과, 이후 법학대학원으로의 진로를 열어준, 개인적인 의미가 큰 책이었다. '나치의 홀로코스트가 전 세계적인 대중적 지식이 되었음에 반해 관동대학살, 일본군위안부는 어째서 그렇지 않은가?', '일본 우익세력이 어떻게 그렇게 떳떳하게 자신들의 전쟁 범죄를 부정할까?' 생각하면서, 홀로코스트의 피해자인 유대인이 국제적으로 영향력 있는 입지에 선 것과는 달리 일본의 피해국들인 동아시아 국가들의 국력이 약하기 때문이라는 생각을 하면 '역사는 힘 있는 자가 쓰는가?' 하는 의문이 들곤 했다.

　인문학을 공부하여 현실을 바꿀 수 없으며, 역사학도 과거의 이야기일 뿐 현실과는 동떨어진 것일까 의심할 때 즈음 『난징대학살』을 읽게 되었고, 잘 알려지지 않았던 역사인 '난징대학살'의 처참했던 모습을 생생히 마주하였다. 인간이 다른 인간에 이토록 큰 죄악을 저지를 수 있는지, 또 어떻게 모두 그에 무관심할 수 있었는지 큰 충격을 받았던 동시에, 이 책이 출간되고 나서 전 세계인이 '난징의 강간', 즉 난징대학살에 주목하였고 내가 이 책을 읽으며 느꼈던 충격을 수많은 사람도 느꼈다는 점을 알게 되었다. 누군가는 과거를 연구하여 끊임없이 현재에 각성을 줘야 하며, 내가 동양사학과에 진학하여 언젠가는 사실史實과 사실事實을 같게 하리라고 다짐하였다.

대학 진학 후에는 미해결된 과거사를 현실적으로 어떻게 해결할 수 있을지 고민하며 정치학과 법학에 관심을 두게 되었다. 대학교 때 정치학을 부전공하고 지금은 법학전문대학원에서 법학을 공부하며, '처벌받지 않는 역사'의 존재와 그 해결은 여전히 나의 삶의 지표이자 숙제로 남아 있다. 지금도 때때로 '정의'나 '진리' 같은 추상적 가치에는 어떠한 힘도 없다는 생각, 그런 가치를 위해 살아가는 게 부질없다고 생각할 때, 아이리스 장이 『난징대학살』을 쓰며 가졌던 정의와 진리에 대한 열정을 떠올리고, 그 책을 처음 읽었을 때 감동을 떠올리며 마음을 다잡곤 한다.

선재는 삶이 혼란스러웠던 사춘기도 진로에 대한 고민도 결국 독서에 기대어 해결했다. 도스토옙스키는 "한 인간의 존재를 결정짓는 것은 그가 읽은 책과 그가 쓴 글"이라고 했다. 이 말을 읽었을 때 나는 그에 깊이 공감했다. 나에게도 책을 읽는 시간은 가장 순수한 나 자신으로 침잠하는 시간이었고 그 시간의 집합이야말로 매 순간의 나라고 생각한다.

선재의 경험을 보면서 독서를 스스로 선택했을 때, 그리고 어린 시절의 독서습관이 한 개인에게 미치는 힘이 얼마나 큰지 짐작할 수 있다.

책을 통해
스스로 빛이 된
아이

문화체육관광부에서 매년 발표하는 독서실태조사에 따르면, 현재 하루 10분 이상 책을 읽는 사람이 10명 중 채 1명도 안 된다. 2017년 국민실태 조사에서도 한국인의 연평균 독서량이 8.3권으로 집계됐다. 연평균 독서량이 40권인 일본이나 60권인 이스라엘과 비교하면 터무니없이 적은 수치다. 특히 대학생 이상의 젊은 청년층의 독서율은 더 많이 떨어진다.

독서율이 갈수록 떨어지는 데는 여러 이유가 있겠지만 영상 문화의 발달이 가장 큰 원인으로 꼽힌다. 인터넷과 스마트폰이 일반화되면서 텍스트로 된 책은 더욱 우리의 일상에서 멀어지고 있다. 요즘은 특히 유튜브가 대세라고 하는데 아이들 꿈으로 유튜브 크리에이터가 순위권에 있을 정도다. 하지만 그 영상 속의 주인공이 꾸준한 독서를 통해 성장했다는 사실을 알아야 한다.

서울에서 가장 오래된 대오서점은 1951년에 문을 연 헌책방이다. 가수 아이유가 「꽃갈피」 앨범 자켓 촬영을 하면서 유명세를 탔다. 지금은 서점이 아닌 카페로 운영되지만 과거 책방이었던 만큼 많은 책을 볼 수 있다. 이곳에 가면 아이유가 앉았던 작은 의자와 아이유의 「꽃갈피」 사진이 벽면에 붙어 있다. 아이유의 흔적을 찾으려는 사람들로 늘 붐빈다.

언젠가 아이유의 어린 시절 이야기를 들은 적이 있다. 아주 어릴 때는 경제적으로 힘들지 않았는데, 아버지가 보증을 잘못 서는 바람에 가세가 기울어 힘든 시기를 보냈다고 한다. 결국 부모님과 함께 살 수 없었던 아이유는 할머니와 친척집을 전전하며 바퀴벌레가 나오는 환경에서 눈칫밥을 먹으며 지냈다고 한다. 일찍이 가수가 되겠다는 꿈을 가지고 여러 오디션을 거쳐서 열다섯 나이에 데뷔했다. 그러나 우리나라 연예계의 환경이 데뷔한다고 해서 다 성공하는 것은 아니다. 아이유는 어떻게 지금처럼 비교 불가한 가수가 되었을까? 그것은 아이유가 직접 작사하는 노래의 가사를 보면 알 수 있다.

「좋은 날」, 「팔레트」, 「레옹」, 「밤편지」, 「을의 연애」, 「길 잃은 강아지」, 〈무릎〉 같은 곡을 작사할 수 있었던 힘이 인문학, 순수문학 등 분야를 가리지 않고 책을 탐닉하는 그의 책 읽기 습관에서 비롯되었다고 생각한다.

나는 이미 중년이 넘어가는 나이임에도 나의 음악 플레이 리스트에 아이유의 곡이 여럿 있다. 아직 20대인 젊은이가 전 세대를 공감하게 하는 노래를 만들어 부른다. 아이유는 연예계에서도 독서광으로 소문이 난 사람이다. 그는 어떻게 독서인으로 살게 되었을까.

벌로 받은 독서가
최고의 선물이 되다

어느 방송에서 책을 많이 읽는다고 알려진 가수 아이유에게 진행자가 물었다.

"언제부터 그리고 어떤 계기로 그렇게 책을 좋아하게 되었나요?"

아이유의 대답을 들으면서 정말 놀랐다.

"어릴 때 엄마가 바빴어요, 그런데 내가 뭘 잘못하면 벌로 두꺼운 책을 한 권씩 읽게 한 거예요. 저는 혼나서 책을 읽는데 또 그게 그렇게 좋은 거예요."

"그럼 그게 벌이 아니잖아요?"

"맞아요. 저한테는 그게 지금 가사를 쓸 수 있게 한 최고의 선물이 된 것 같아요. 엄마한테 감사하죠."

시대가 변하면서 가장 고민이 되는 부분이 "우리 아이들을 어떻게 키워야 할까?", "무엇에 초점을 맞추어 교육해야 할까?"다. 아이유처럼 부모의 교육 방식이 잘 맞아서 좋은 효과로 나타난다면 더 바랄 것이 없다. 그러나 모든 아이가 벌 받는 식으로 책 읽기를 시켰다고 긍정적인 방향으로 작용하는 것은 아니다. 자녀 양육에 정답은 없다. 그래서 자기 아이의 성향과 성격, 기질에 맞는 육아법을 찾는 것이 중요하다.

아이유는 이미 10대에 인기가수가 되어서 얼마든지 특기생으로 대학을 갈 수 있음에도 자신이 하는 일에 집중하고 싶다며 대학을 가지 않았다. 자신이 공부를 정말 하고 싶을 때 가겠다는 것이 아이유의 생각이다. 그러면서 그는 지금의 자신이 좋다고 했다.

　아이유가 하는 말을 들으며 '아, 이 친구는 자존감이 강하구나' 하는 생각이 들었다. 자신의 삶을 자기의 기준으로, 남과 비교하지 않고 살아가려는 모습이 멋져 보였다. 그 나이의 나는 어땠을까, 잠시 돌아보게 되었다. 생각해보니 그저 남들이 다 가니까 대학교 가는 것을 당연하게 여겼다. 생각 없이 살다 보면 세상이 정해준 길대로 살아가게 마련이다. 아이유처럼 자신의 길을 자기 생각을 가지고 스스로 개척해가는 아이로 키우려면 어떻게 해야 할까.

경쟁력은
스스로 만들어가는 것

　아이유는 아직 20대인데 벌써 대체 불가한 가수라는 평을 듣는다. 이미 인기가수가 되었음에도 자신의 목소리를 경쟁력 있게 만들기 위해 엄청난 노력을 하기 때문이다. 또 자신의 수많은 히트곡이 있음에도 우리나라 근대 시인의 시에 곡을 붙인 노래를 지속적으로 리메이크하는 「꽃갈피」 1·2 앨범을 발표한다. 스스로 자신의 역사를 만들어간다. 이 시대에 자신의 길을 당당히 가는 젊은이다. 그는 아직 어리지만 책을 읽으면서 자신이 어떻게 살아야 할지 기준을 세웠다. 그가 읽은 수많은 책의 지혜가 그를 깨우고 길을 알려주고 답해주었다고 생각한다. 지금처럼 미래에 대한 예측이 불안할 때, 아이유가 그랬듯이 책에게 인생의 길을 물어볼 수 있다.

독서광 아이유가
추천하는 책

1) 도스토옙스키, 김연경 옮김, 『카라마조프가의 형제들』(총 3권)
(민음사, 2012)

러시아의 작가 도스토옙스키의 마지막 장편소설로 1879~1880년에 발표했다. 전 생애를 통해 작가를 괴롭혔던 사상적·종교적 문제, 인간의 본질에 관한 사색을 방대한 규모와 긴밀한 구성으로 집대성한 걸작이나 미완성 작품이다. 2018년 대치도서관에서도 '세계우수작가 전작 읽기' 시간에 톨스토이와 비교하여 도스토옙스키의 『카라마조프가의 형제들』을 읽었다. 읽기 쉽지 않은 어려운 책이다. 한 번에 모두 이해하겠다는 욕심을 버리고 천천히 읽어가기를 권한다.

물욕과 음탕의 상징인 표도르를 아버지로 하는 카라마조프가家의 3형제(러시아인적인 야성적 정열과 순수함을 갖춘 장남 드미트리, 무신론자에다 허무주의적 지식인 차남 이반, 수도원에 몸담으면서 동포애를 가르치는 조시마 장로에게 심취한 순진한 3남 알료샤), 거기에 아버지와 백치의 여자 거지에게서 태어난 막내아들 스메르자코프를 중심으로 펼쳐지는, 부자간과 형제간의 애욕을 그린 작품이다.

땅으로 몸을 던질 때의 그는 연약한 청년이었지만 일어섰을 때는 한 평생 흔들리지 않을 투사가 되어 있었으며, 이것을 바로 이 환희의 순간에 갑자기 의식하고 예감했다. 그리고 이후 알료샤는 이 순간을 평생 동안 결코, 결코 잊을 수 없었다. "그 시각, 누군가가 내 영혼을 찾아주었던 것이다." 훗날 그는 자신의 말에 대한 확고한 믿음을 갖고 이렇게 말하곤 했다.

2) 알랭 드 보통, 정연목 옮김, 『왜 나는 너를 사랑하는가?』
(청미래, 2007)

알랭 드 보통은 1969년 스위스 태생으로 영국 케임브리지대학교에서 공부했다. 영어, 프랑스어, 독일어에 능통하며, 23세에 쓴 『왜 나는 너를 사랑하는가?』가 베스트셀러가 되면서 세계적으로 유명해졌다.

남녀가 운명적으로 만나 낭만적 사랑에 빠지는 그 놀랍도록 기이한 과정에 관한 이야기다. 첫 만남에서부터, 점차 시들해지고 서로를 더 이상 운명으로 느끼지 않게 되는 이별까지 남녀의 심리와 그 메커니즘이 아주 흥미진진한 철학적 사유와 함께 쓰여 있다. 아이유가 밑줄을 그어 가면서 읽었다고 해서 더 유명해졌다. 우리 도서관에서는 올해 독서토론 시간에 이 작가의 다른 작품 『불안』을 함께 읽었다.

사랑에 빠지는 일이 이렇게 빨리 일어나는 것은 아마 사랑하고 싶은 마음이 사랑하는 사람에 선행하기 때문일 것이다. 요구가 해결책을 발명한 것이다. 사랑하는 사람의 출현은 누군가를 사랑하고 싶은 '대개는 무의식적인' 요구, 사람의 출현에 선행하는 요구의 제2단계에 불과하다. 사랑에 대한 우리의 갈망이 사랑하는 사람의 특징을 빚어내며, 우리의 욕망이 그 사람을 중심으로 구체화된다.

3) 박민규, 『죽은 왕녀를 위한 파반느』
(예담, 2009)

1968년생인 박민규 작가는 공부도 싫고, 학교에 가기도 싫었다고 당당히 말한다. 중앙대학교 문예창작학과를 졸업한 후 8년간 여러 직장을 전전하다가 글을 쓰기로 한다. 그는 『삼미 슈퍼스타즈의 마지막 팬클럽』으로 제8회 한겨레문학상을 받아 일약 주목받는 작가가 된다. 박민규는 30편의 단편을 신춘문예에 응모했지만 예심을 통과한 것은 「카스테라」뿐이었다. 등단 후 예전에 신춘문예에 떨어진 작품이 주요 문학상 후보에 올랐다고 한다. 이 작품은 어쩌면 작가의 이런 경험을 통해서 탄생한 작품이 아닐까 한다.

세상 옆에 들러리 선 우리의 자화상! 새로운 상상력과 실험정신으로 주목받은 작가의 독특한 연애소설이다. 20대 성장소설의 형식을 빌려, 못생긴 여자와 그녀를 사랑했던 한 남자의 이야기를 그린다. 작가 스스로 '80년대 빈티지 신파'라고 할 만큼, 자본주의가 시작된 1980년대 중반의 서울을 무대로 아련한 첫사랑의 기억을 풀어놓는다.

여자는 누구나 자신의 내부에 그런 방을 가지고 있어요. 아름답고,

아름다울 수 있고… 해서 진심으로 사랑받고… 설사 어떤 비극이 닥친다 해도 '내일은 내일의 태양이 뜰 거야'라고 중얼거릴 수 있는… 그런 방, 말이에요. 아무리 들어갈 수 없는 방이라 해도 결국엔 문득 그 방 앞에 서 있는 자신을 발견하게 되는 거예요. 전 그게 희망이라고 생각해요.

4) 밀란 쿤데라, 이재룡 옮김, 『참을 수 없는 존재의 가벼움』 (민음사, 2009)

밀란 쿤데라는 1929년에 태어난 체코 출신의 작가다. 그는 소설이란 문학적 장르를 하나의 실험처럼 만들었다.

이 작품은 육체와 영혼, 삶의 의미와 무의미, 시간의 직선적 진행과 윤회적 반복의 의미, 존재의 가벼움과 무거움, 부정과 긍정의 개념, 우연과 운명, 그리스도교적 인류학과 생명의 질서 등 다양한 지적 영역을 담은 장편이다. 형식적 측면에서 포스트모더니즘 기법을 도입한 작품으로 평가받는다.

내 소설의 인물들은 실현되지 않은 내 자신의 가능성들이다. 그런 까닭에 나는 그들 모두를 사랑하며 동시에 그 모두가 나를 두렵게 한다. 그들은 하나같이 내가 우회해갔던 경계선을 뛰어넘었다. 바로 이 경계선(그 너머에서 나의 자아가 끝나는)이 나를 끌어당긴다. 그리고 오로지 경계선 저편에서만 소설이 의문을 제기하는 신비가 시작된다.

소설은 작가의 고백이 아니라 함정으로 변한 이 세계 속에서 인간적
삶을 찾아 탐사하는 것이다.

아이유는 이외에도 프레드릭 배크만의 『오베라는 남자』, 박민규의 『카스테
라』, 에쿠니 가오리의 『낙하하는 저녁』, 파울로 코엘료의 『브리다』, 이혜린의
『열정 같은 소리 하고 있네』 등을 자신이 좋아하는 책으로 추천했다. 아이
들이 아이유를 따라 해보는 것도 독서에 입문할 때 동기부여가 되리라 생각
한다.

내 인생
최고의 선물

2009년 오랫동안 하던 일을 그만두고 도서관에서 일하게 되었다. 대학교
에서는 회계학을 전공했는데, 문헌정보학은 도서관에 온 후 다시 공부했다.
한 번도 직장생활을 해본 적이 없던 내가 도서관에서 일하려니 뭘 어떻게 해
야 할지 막막하기만 했다. 어떤 날은 할 수 있을 것 같다가도 또 어떤 날은
도망치고 싶었다. 그러다 일단 책부터 읽어야겠다고 생각했다. 도서관에 가
장 많은 것이 책이니 책 속에 답이 있으리라는 막연한 믿음이 있었다.

그때부터 새벽에 출근해서 매일 3시간씩 책을 읽었다. 어릴 때 어머니 덕
분에 책을 좋아했는데, 내가 읽은 책이라고는 세계문학전집이 대부분이었고
그 외에는 시집을 꽤 읽었다. 책을 읽으면서 읽었던 책의 리스트뿐만 아니라
내용을 요약해 직접 손으로 하나하나 써나갔다. 그때의 노트 첫머리에는 이

렇게 적혀 있다.

"나는 좋은 도서관인이 되고 싶다. 지금은 100권 읽기에 도전하지만 언젠가 1,000권의 책을 읽은 사서가 되고 싶다."

노벨문학상 수상작에서부터 시작해서 힘들 때는 다른 사람의 자서전을 읽기도 했는데, 8개월 정도 지나니까 100권 정도의 책을 읽을 수 있었다. 그것이 계기가 되어 도서관의 프로그램을 기획하고 차별화된 정보 서비스를 할 수 있는 동기를 얻었던 것 같다. 아마도 그때 독서를 시작하지 않았다면 나는 지금처럼 도서관에서 이렇게 재미있게 일하는 사서가 되어 있지는 않았을 것이다.

무식해서 세운
무리한 계획

지금은 앞에서도 소개했듯이 인문학 관련 도서를 꾸준히 읽고 있다. 그러면서 배운 것은 독서계획을 무리하게 세우지 말아야 한다는 점이다. "지금은 100권 읽기에 도전하지만 언젠가 1,000권의 책을 읽은 사서가 되고 싶다."고 했던 이 말을 지금 떠올려보면 어이가 없어 얼굴이 붉어진다.

이런 계획은 무식해서 세운 계획이다. 사실 책을 몇 권을 읽느냐는 그렇게 중요하지 않다. 독서는 절대 벽돌쌓기 게임이 아니다. 책을 어떻게, 얼마나 즐겁게 읽었는지가 더 중요하다.

옛날에 할머니께서 콩나물이 어떻게 크는지 말씀해주신 적이 있다. 시루에 망을 깔고 콩을 넣고 물을 부어 천으로 덮어뒀다가 이따금 물을 부어주면 된다고 하셨다. '물을 주면 뭐 하나, 엉성한 망으로 다 빠지고 마는데' 싶었지만, 이런 과정을 거쳐서 콩들이 자라는 걸 알게 됐다. 책을 읽는 것도 이와 다르지 않다고 생각한다. 읽는 속속 잊어버리고 지나쳐버리더라도, 어느새 나는 성장하고 있다.

독서 계획을 무리하게 세우면 부담이 돼서 책 읽기의 즐거움을 빼앗길 수 있다. 독서는 즐거워야 한다. 그래야 오래간다. 자신이 좋아하는 음식을 찾아내듯 자신에게 맞는 책을 찾는다면 그보다 더 좋은 선물은 없다. 자신에게 필요한 책은 스스로 노력해서 찾아야 한다. 책을 굳이 빨리, 많이 읽을 필요도 없다. 독서도 급하게 하면 소화가 잘 안 된다.

여행지에서 만난 헤밍웨이

책을 읽는 것은 하나의 여행과도 같다. 헤밍웨이는 자신을 불편하게 하는 책에 특히나 재미를 느낀다고 했다. 이때 '불편'이라는 것은 존재론적인 흔들림을 의미하는데, 새로운 영토에 발을 디뎠을 때 느끼는 설렘과도 같다. 나는 편하게 잘 읽히는 책도 좋지만 때로는 새로운 지식을 얻어서 내면을 넓히고 영혼을 성숙시키는 데 도움이 되는 책을 좋아한다는 것이다. 그런 책은 새로움을 선물하기 때문이다. 그러면 아무리 어려운 책이라고 해도 손에서 내려놓을 수가 없다고 고백한다.

나는 매년 11월 말에서 12월 초에 좀 긴 휴가를 떠난다. 1년 동안 계획한 일을 어느 정도 마무리한 뒤 떠나는 여행이라 홀가분하게 다녀오곤 한다.

2016년에는 스페인으로 갔다. 마드리드공항으로 들어가 포르투갈을 거쳐 세비야, 그라나다를 여행하던 중 버스로 2시간쯤 이동해서 론다라는 지역에 도착했다. 론다는 고대 페니키아인이 건설해, 로마 시대에는 마을 전체가 요새화되었던 작은 마을이다. 현재까지 그 모습을 유지해오는 상당히 오랜 역사를 지닌 곳으로, 스페인의 대표적인 문화인 '투우'의 발상지다. 이곳에서 나는 뜻밖의 사람을 만났다. 내가 좋아하는 작가 헤밍웨이가 그곳에서 머무르며 글을 썼다고 한다. 론다의 대표적인 트레이드 마크 '누에보 다리'Puente Nuevo 건너편에 노란 2층집이 있었는데, 헤밍웨이는 그곳에서 2년간 머물며 『누구를 위하여 종을 울리나』를 썼다. 이 작품은 협곡을 사이에 두고 양 절벽 끝에서 아슬아슬하게 싸우는 장면이 인상적인데, 실제 모델이 된 다리가 바로 누에보 다리라고 한다.

나는 타임머신을 타고 13살 소녀가 되어 중학교 1학년 시절로 돌아갔다. 처음으로 도서관에서 헤밍웨이의 『누구를 위하여 종을 울리나』를 읽고 가슴이 콩닥콩닥 뛰며 설레던 시절이 생각났다.

오래전
나의 작은 도서관

중학교 1학년 봄쯤으로 기억하는데, 우연히 학교에서 작은 도서관을 만났다. 내가 그 도서관을 알게 된 것은 콜럼버스가 신대륙을 발견한 것만큼이나 놀라운 일이었다. 『누구를 위하여 종을 울리나』를 시작으로 그해 여름과 가을, 겨울 세계문학전집에 나오는 대부분 책을 다 읽었다. 그야말로 오랜 배고픔에 밥을 만난 아이처럼 책을 폭식했다. 도서관에서 책을 읽다가 수업 종소리를 못 들어서 선생님께 잡혀가기 일쑤였다. 그때만 하더라도 지금처럼 공부에 대한 스트레스가 없던 시절이라 가능했는지 모른다. 책이 연애보다 좋아진 게 그때부터였고, 힘들 때 찾아가는 곳이 책방이거나 도서관이 된 것도 그 무렵부터다.

여행에서 돌아와 나는 다시 헤밍웨이의 『누구를 위하여 종을 울리나』를 읽었다. 내 기억 속 그 소설은 분명 절절한 로맨스 소설이었는데, 다시 보니 좀 다르게 읽혔다. 사실 이 소설은 스페인에 특별한 애정을 가졌던 헤밍웨이가 스페인 내전을 계기로 쓰게 되었다고 한다. 스페인 내전은 이 소설의 직접적인 배경인데, 헤밍웨이는 이 전쟁에 직접 가담하기도 했다. 이 책은 스페인 내전이 끝나던 1939년에 집필하기 시작해 1940년에 발간되었다.

소설은 3일간 이루어진 폭파 장면을 드라마틱하게 구성했다. 13살 나에게 남은 기억은 오로지 "조던과 마리아는 서로 사랑하는 사이가 되고"뿐이다. 그래서 나에게는 로맨틱 소설로 남아 있다. 작가는 이 작품에서 개인과 인류와의 관계, 이 지상의 일부에서 벌어지는 자유의 위기와 전 세계의 자유와의 관계, 개인의 무력함과 연대의 중요성을 알리고 싶었다고 한다. 40년이 지나 나는 확장된 나머지 의미를 독서를 통해 다시 확인했다. 설령 왜곡된 기억이 있더라도 상관없는 것이 독서라고 생각한다. 이 작품은 1943년에 미국 파라마운트 영화사에서 회사 창립 40주년 기념 작품으로 영화화해 호평을 받기도 했다.

독서는 평생 찾아 쓰는
정기예금통장

어느 부모나 아이들이 책에 관심을 가지고 많이 읽기를 바란다. 책을 읽으면 사고력, 집중력, 창의력 등이 향상되기에 독서의 중요성에 모두 동의한다. 또한 꾸준히 책을 읽는 것은 평생 찾아 쓸 수 있는 내 인생의 정기예금통장과 같다.

아이가 태어나면 어느 부모나 아이 머리맡에서 책을 읽어준다. 아이에게 독서는 행복한 잠을 자게 하는 달콤한 것이었다. 아이가 자라 유치원을 입학하면서 갈림길에 들어선다. 그 이유는 요즘 아이들은 그때부터 이미 바빠져서 배워야 할 것들과 가야 할 학원이 늘어나기 때문이다. 그 전과 달리 책 읽기가 놀이가 아니라 하나의 공부 수단이 되기도 한다. 그러다 보니 점차 아이가 책에서 조금씩 멀어지기 시작한다. 유아기 때는 열심히 책을 읽어주던 부모들도 아이가 크면 공부, 학교 성적을 더 중요시하며 책 읽기는 나중으로 미룬다.

도서관에서 일하며 알게 된 사실이 하나 있다. 책을 많이 읽는 부모의 아이들이 책을 많이 읽는다는 것이다. 어쩌면 당연한 말 같지만 많은 부모들이 놓치고 있는 사실이기도 하다. 이것은 음식을 많이 먹어본 사람이 맛있는 음식을 아는 것과 같은 이치다.

늘 책이 가까이 있는 환경을 만들고 부모가 책 읽는 모습을 자주 보여주면 아이들도 자연히 책을 가까이하게 된다. 세상에 억지로 되는 일은 없다. 책 읽는 아이로 키우고 싶다면 부모가 먼저 솔선수범해야 한다.

부록

1

꼬리 물기
독서 사례

사례 1
책을 통해
인간을 위한 기술을 배우다

부산영재고 2학년 기태관

1) 김성화·권수진, 『파인만, 과학을 웃겨주세요』
   (탐, 2011)

키워드 : 리처드 파인만, 양자역학, 과학

이 책은 내가 어렸을 때 읽고 연구자라는 꿈을 갖는 데 큰 영향을 주었다. 리처드 파인만의 삶과 그의 가치관들을 설명한 책으로, 과학을 누구나 이해할 수 있도록 쉽고 재미있게 표현했다.

리처드 파인만은 어렸을 때 많은 독서를 통해 공부했다고 한다. 어렸을 때 부모님이 주신 백과사전으로 과학을 처음 접하고, 아버지와 기초 원리부터 자세히 이야기하면서 과학이 재미있어졌다고 한다. 당시 초등학생이던 나는 이 부분을 읽으면서 조금 반성했다. 책에서 리처드 파인만은 과학을 공부할 때 단어를 아는 것은 과학을 아는 것이 아니라고 말한다. 하지만 내가 하던 공부는 단어를 외우고 현상을 외우듯 이해하는 공부였다. 그렇게 공부하다 보니까 알게 모르게 과학에 대한 흥미도 줄어들었으며 나 스스로 제대로 아는지 돌아보질 못했다. 이 책을 읽은 후 나는 나 자신이 어떠한 현상에 대해 과학적으로 정확히 아는지 돌아보았으며 독서량을 늘려야겠다고 생각했다.

리처드 파인만은 과학 특히 물리학을 즐겼으며 자신만의 언어로 내용을 해석했다. 그는 남들과 다르게 자신만의 창의적 시각으로 현상을 바라봤다. 그랬기 때문에 양자역학의 개발에 크게 기여하고 챌린저호의 폭파 원인 또한 밝혀낼 수 있었다. 어린 시절의 나는 이 책을 읽고 나만의 창의적 시선으로 세상을 바라봐야겠다고 다짐했다. 그래서 책을 많이 읽고 경험을 많이 쌓기로 다짐했다.

2) 나눔과 기술, 『적정기술: 36.5도의 과학기술』
(허원미디어, 2011)

키워드 : 적정기술, 가난, 과학기술

내가 중학교 1학년이었을 때, 운이 좋게도 영재원에 합격해서 1년간 다니게 되었다. 영재원은 1년 동안 연구할 주제를 정해주었는데, 그 주제가 바로 '적정기술'이었다. 적정기술을 모르는 학생이 대다수였으므로, 이 책을 읽어보라고 추천해줘 읽었다.

문명의 초창기부터 오늘날 흔히 말하는 '4차 산업혁명' 시대가 되기까지 과학기술은 인류와 밀접한 관계를 이루면서 발전했다. 수많은 과학자와 연구자의 노력이 합해져서 만들어진 오늘날의 과학기술은 인류에게 수많은 혜택을 주었다. 교통, 통신기술부터 우리 주변에서 볼 수 있는 모든 것은 과학기술이 융합되어서 만들어진 결과물이다. 과학기술은 인간의 생활을 매우 편리하게 해주었고 고도의 문명을 이루는 원동력이 되었다. 이러한 발전 뒤에는 큰 문제점이 존재한다. 인류에게 수많은 혜택을 주는 과학기술이 불평등하게 분배되었다는 사실이다. 더 명확히 말하면, 과학기술의 혜택을 누리는 인구는 전체의 10% 정도밖에 안 되며, 나머지 90%는 '소외되어서' 과학기술의 혜택을 누리지 못한 채 힘들게 살아간다는 사실이다. 소외된 90%를 위해 등장한 새로운 기술의 명칭이 '적정기술'이다.

책의 앞부분에는 적정기술의 정의가 소개된다. 적정기술Appropriate Technology의 넓은 정의는 '인간사회의 환경·윤리·도덕·문화·사회·정치·경제적인 측면들을 두루 고려하여 인류의 삶의 질을 향상하는 기술'이다. 좁은 의미로는 '가난한 자들의 삶의 질을 향상하는 기술'이다. 기술의 혜택을 누리는 10%의 경제적 기득권층이 아닌 나머지 90%는 생활하는 데 기본적으로 요구되는 식수, 식량, 위생 등을 확보하지 못한 상태다. 이들을 위한 기술개발과 보급운동을 통한 삶의 질 향상이 적정기술의 목적이다. 적정기술은 새롭게 주목되는 기술로, 외국의 대학이나 단체들이 관심을 보이고 있으며, 실제로 MIT나 스탠퍼드대학교에서도 적정기술을 연구한다. 우리나라에서는 이 책을 펴낸 '나눔과 기술'이라는 단체가 적정기술을 연구한다.

책의 절반 이상은 적정기술의 목적에 맞게 성공적으로 제작된 제품이 설명되어 있다. 적정기술 제품의 성공 여부는 가격과 성능, 이 두 가지로 결정된다. 좀 더 자세히 설명하면, 그 제품을 그 지역 사람이 얼마나 쉽게 구할 수 있는지가 중요하다. 그 지역에서 쉽게 구할 수 있는 재료로 만든 제품이거나 제품을 만드는 데 드는 비용이 저렴하면 사람들에게 보급하는 데 드는 부담감도 적어진다. 싼 가격에 큰 효율을 내는 '가성비 좋은' 제품을 만들려면 창의적인 아이디어가 필요하다. 그래서 성공을 거두기는 매우 힘든 일이다. 책은 가장 먼저 'Q 드럼'을 소개한다. Q 드럼은 도넛 모양의 물통에 줄을 넣은 물통인데, 생긴 모양이 알파벳 Q와 비슷해서 Q 드럼이라고 불린다. 물 운반을 목적으로 만들어진 Q 드럼은 물을 얻기 위해 먼 거리를 이동하는 아프리카 지역의 사람들에게 보급되어 사용된다. 마찰이 적어서 끌고 다니기 쉽고, 70리터의 물을 넣을 수 있기 때문에 깨끗한 물을 얻어 콜레라 같은 수인성 질환의 발병 확률이 감소했다고 한다. Q 드럼 외에도 라이프 스트로, 자외선 살균 정수기 등 깨끗한 물을 얻기 위한 적정기술 제품이 많이 소개되었다. 물 관련 제품 말고도 항아리 냉장고, 태양광 가로등처럼 현대의 전자기기를 대체하는 다양한 제품이 책에 소개되어 있다.

책의 후반부에는 적정기술의 미래와 한국의 역할에 대한 저자의 간단한 생각이 담겨 있다. 짧게 요약하면, 선진국은 빈곤국의 삶의 질을 향상하는 데 노력해야 하는데, 그의 방안 중 하나가 적정기술이라는 것이다. 저자는 한국의 역할도 중요하다고 주장한다. 한국이 최단 기간에 빈곤국에서 선진국으로 발전했기 때문에 다른 빈곤국을 도와주는 기술을 개발할 때 충분히 기여할 수 있으리라는 것이다.

책을 읽으면서 상당히 많은 부분에 공감했다. 과학기술은 인류 문명과 함께 급성장했으며, 인류가 살아가면서 수많은 혜택을 누리게 했다. 그런데 과학기술의 혜택을 전혀 받지 못하는 사람이 전체의 90%라는 사실이 충격적이었다. 의학의 발달과 교통, 통신의 발달로 수많은 사람이 향상된 삶을 살아가지만, 그 뒤에 숨겨진 90%의 삶을 인지하지 못했다. 그렇기 때문에 적정기술의 중요성과 필요성을 느꼈으며, 친구들과 함께 적정기술을 적용한 제품을 제작해보기도 했다. 나름 만족스러운 결과가 나와서 대회에도 출전했다. 그때 전문가들에게 인정받아 세미나에 초청받기도 했다. 거기서 우리는 다양한 신제품(새로운 적정기술 제품들)을 접해봤다. 이러한 경험을 통해 적정기술은 미래 인류의 필수적인 기술이며, 생각보다 접근하기 쉬웠다는 점을 배웠다. 그들의 입장이 되어 개선할 점을 찾아서 그에 대한 아이디어를 내면 되는 작업이기 때문에 창의성만 있다면 누구든지 시간을 투자해서 할 수 있겠다는 생각이 들었다. 후에 연구원이 되어 적정기술에 대한 연구와 제품을 계속 더 만들어보겠다는 다짐을 했다.

3) 레이첼 카슨, 김은령 옮김, 『침묵의 봄』
(에코리브르, 2011)

키워드 : 살충제, 자연, 화학 물질

내가 고등학교 1학년 여름방학 때 처음 본 책이다. 이때는 생물과 화학, 특히 환경 분야에 관심이 많았다. 이 책은 표지의 첫인상부터 강렬했다. 표지에는 하얀 바탕에 새 한 마리가 옆으로 누워 있다. 눈은 떴지만 초점이 없고 부리는 닫은 채 날개를 모으고 배를 드러낸 모습이다. 누가 봐도 '죽었다'고 느껴졌다. 봄을 알려주던 이 작은 생명체가 이제는 죽었다는 사실을 암시해 주는 표지다.

낯선 정적이 감돌았다. 새들은 도대체 어디로 가버린 것일까 …. 주위

에서 볼 수 있는 몇 마리의 새조차 다 죽어가는 듯 격하게 몸을 떨었
고 날지도 못했다. 죽은 듯 고요한 봄이 온 것이다. … 시냇물마저 생
명력을 잃은 지 오래였다.

처마 밑으로 흐르는 도랑과 지붕 널 사이에는 군데군데 흰 알갱이가
남아 있었다. 몇 주 전 마치 눈처럼 지붕과 잔디밭과 시냇물에 뿌려진
가루였다.

『침묵의 봄』은 50년 전 무분별하게 사용된 살충제와 화학제품이 가져온
부작용을 파헤쳤다. 위 인용문에 나오는 백색 가루는 염화탄화수소 계열의
살충제인 DDT를 뜻한다. 유기인산 계열에는 말라티온이나 파라티온이 위험
하다. 제초제 오남용의 위험은 지하수와 토양 오염, 그리고 생태계의 교란 현
상을 낳았다. 심지어 원래 목적이었던 해충 방제 또한 이루지도 못했다고 한
다. 해충들은 살충제와 화학 물질에 적응해버려 방제를 하려면 더 독성이
강한 약품을 사용해야만 했다.
　이 책은 과학기술의 무모한 발전이 불러일으킨 부작용을 고발한다. 인류
는 점점 편의를 위해 자원을 무리하게 사용하고, 환경을 파괴했다. 책에서도
언급된 내용이지만, 자연은 스스로 조절할 수 있는 능력이 있다. 그러한 자
연의 능력을 파괴하는 것이 인간이 발전시킨 기술들이다. 인간은 눈앞의 편
의를 위해 자연을 많이 희생시켰다. 그리고 해충을 박멸하기 위해 살충제를
무분별하게 뿌렸던 것처럼, 부작용을 전혀 예상하지 못하고 자연을 훼손시

켰다. 이와 관련된 사례는 꽤 많다. 가장 대표적인 부작용은 공장과 자동차 등에서 나오는 온실가스로 인한 지구온난화 현상이다. 그 외에도 전자 제품에서 나오는 전자파 또한 자연을 파괴한다. 꿀벌이 없어지는 것 또한 과학기술의 무모한 발전에 따른 부작용이다.

이러한 부작용은 충분히 예방할 수 있다. 기술을 개발하는 사람들이 그 기술의 위험도를 충분히 실험해서 안전성을 확보하면 된다. 안전하지 못하면 경고하고 한계량을 정하면 된다. 기술을 사용하는 사람들은 개발자들이 정해놓은 한계량에 맞춰 사용하고 조심하면 된다. 하지만 실제로는 그렇지 못했다. 모두 살충제가 위험하리라 예상했고, 실제로 위험성을 나타내는 실험 결과도 있었지만 정부(책에서는 농림부)는 그러한 위험성을 무시하고 살충제를 뿌렸다. 우리나라에도 이와 비슷한 현상이 있었다. 몇 년 전 큰 논란이 됐던 가습기 소독제다. 가습기 소독제는 화학제품이다. 가습기는 우리의 호흡과 직접적으로 연관되었으므로 많은 사람이 걱정했다. 그럼에도 회사는 안정성을 제대로 확보하지 못했고, 사람들한테 경고도 제대로 하지 않았다. 이로 인해 많은 사람이 죽거나 병에 걸렸다.

이러한 현상은 과학기술이 발달할수록 더 심해질 것이다. 기술의 발전 속도는 점점 더 빨라질 것이며, 소비되는 자원의 양도 더 늘어나서 자연은 점점 더 파괴될 것이다. 또한 화학물질처럼 위험한 물질이 더 많이 생산될 것이다. 50년 전의 살충제 사건과 몇 년 전에 일어난 가습기 소독제 사건과 같은 현상이 다시 일어나지 않게 하려면 모두의 노력이 요구된다. 과학자들과 연구자들, 개발자들은 안정성을 정확하게 실험하고 위험성을 확실하게 알려야 할 것이다. 개발 과정은 자연을 덜 파괴하는 방향으로 진행되어야 한다. 과도한 기술의 발전은 언젠가는 인간을 파괴할 수 있다는 것, 그리고 자연은 반드시 입은 피해를 인간에게 돌려준다는 사실을 잊지 않는다는 사실을 고려하면서 기술을 개발해야 한다.

4) 정하웅·김동섭·이해웅, 『구글 신은 모든 것을 알고 있다』
(사이언스북스, 2013)

키워드 : 복잡계, 네트워크, 유전, DNA, 암호, 양자 암호

이번 겨울방학 때 과학기술이 빠르게 발전하는 현대 사회에서 주목되는 분야를 알아보고 싶어 읽은 책이다. 책은 3명의 교수가 진행하는 3개의 주제 강의로 구성된다. 각 주제는 그 주제와 관련된 3개의 강의로 나누어져 있다. 3개의 주제 중에서 첫 번째 주제가 가장 인상 깊었다.

첫 번째 주제는 정하웅 교수의 "구글 신은 모든 것을 알고 있다"로, 복잡한 네트워크와 데이터, 과학에 관한 내용이다. 복잡계는 우리의 사회처럼 다양한 구성요소가 서로 복잡하게 관계를 이루는 계다. 네트워크를 분석해보면 수없이 많은 '허브'가 복잡하게 연결되어 있는 것을 알 수 있다. 이러한 네트워크 분석은 실생활에 상당히 많이 쓰인다고 한다. 예시로 든 것이 '구글'의 검색 엔진인데, 구글은 사람들이 검색했을 때 필요한 정보와 관련된 사이트가 첫 번째로 뜬다. 정확도는 대선 직전 후보의 검색 결과 비율이 득표율과 비슷하게 나왔다는 것으로 알 수 있다. 이처럼 신기한 현상이 벌어지는 것은 구글이 네트워크를 잘 분석했다는 반증이다.

나는 이 내용을 접하고 충격을 받았다. 구글에서 분석한 검색 결과의 비율이 선거의 득표율과 거의 똑같았다는 사실이 현실적으로 감이 오지 않았다. 지금 우리가 사는 시대는 통신 기술이 발전하면서 무궁하게 많은 정보가 교류되는 사회다. 여러 사람과 정보로 구성된 이 복잡계에서 정보를 분석하는 것은 그 사회를 완전히 이해하는 데 필수적이며, 복잡계를 어느 정도 조종할 수 있다. 구글은 이러한 면에서 매우 특별하면서 정보계에서 강력한 힘을 지닌 회사다. 구글은 수많은 사이트 중 '허브'인 사이트 분석을 해서 사람들한테 보여준다.

현재의 사회는 복잡계에서 권력을 지니는 사람은 복잡계의 '허브'가 되거나 허브에 대해 자세히 알고 조종할 수 있는 사람들이다. 그렇게 되면 핵심적이고 중요한 정보를 확보할 수 있으며 구글처럼 이 세상의 어떤 것이든 알 수 있게 된다. 연구자들도 마찬가지라고 생각한다. 화제가 되는 주제나 분야와 관련된 정보를 많이 확보한 것이 유리하다, 왜냐하면 다른 연구자와 많은 관계를 이루는 연구 분야의 '허브'들이 성공적인 연구를 할 가능성이 높기 때문이다. 그러한 '허브'가 되려면, 많은 정보를 알아야 하고 많은 경험을 해야 한다.

사례2
공동 독서로 책 읽기에
흥미를 느끼다

숙명여고 2학년 이유나

1) 2015년 강남구 인문독서 논술공모전 장려상 수상작
   (참가 당시 중학교 1학년)

주제 도서 : 『동물농장』

어렸을 때 처음 『동물농장』을 읽었을 때는 단순히 '동물이 나오는 이야기네'라고 생각했다. 하지만 중학교에 와서 다시 이 책을 읽어보니 느껴지는 것이 많았다. 속뜻이 많이 보였다. 먼저, 지구에서 동물과 함께 살아가는 인간이 동물을 이용하고 폭력적으로 대하는 것이 잘못되었다는 생각이 들었다. 또한 강한 자들에 의해 약한 자들이 아무것도 모른 채 복종하고 이용당하는 것이 『우리들의 일그러진 영웅』에 나오는 엄석대의 횡포와 비슷한 것 같았다. 왜 모두가 평등하게 살 수 없는지, 그리고 평등한 나라에서는 어떤 지도자가 필요할지에 대해 생각해보게 되었다.

책은 농장에서 큰 존경을 받는 메이저 영감의 이야기에서 시작한다. 그는 모든 동물을 불러놓고 그동안 터득한 삶의 본질과 자신의 생각을 이야기한다. 꿈에 나온 '잉글랜드의 동물들' 내용에 영향받은 그는 노예로 이렇게 계속 살기보다는 반란을 일으켜 인간을 없애고 모든 동물이 평등하게 사는 세

상을 만들자고 한다. 나는 메이저 영감의 말에 공감했다. 동물의 삶은 고되고 힘든 데 비해 얻는 것이 너무 적다고 생각하기 때문이다. 게다가 나중에 늙고 힘이 빠지면 도실당한다. 동물은 인간을 위해 자기 몸을 바치는데, 인간은 동물들을 아주 하찮게 여길 뿐이다.

메이저 영감이 한 말 중 '인간은 생산하지 않으면서 소비하는 유일한 생물이다'라는 부분도 인상 깊었다. 인간이 동물들의 입장에서 보면 놀기만 하는 생명체로 비판받는 대상이 될 줄은 몰랐기 때문이다. 인간들을 위해 동물들이 항상 희생해야 하는 것은 문제가 있다고 생각했다. 동물도 인간과 함께 같은 공간에서 살아간다. 인간의 욕심으로 환경이 파괴되고, 지구가 병들고 있다. 인간을 포함해서 동물 모두 평등하게 존중되며 살아가는 세상을 만들어야 한다고 생각했다.

메이저 영감이 죽고 난 뒤에 지도자는 가장 영특한 스노볼과 나폴레옹이라는 돼지가 되었다. 이 둘은 7계명을 만들고, 다른 동물들이 일하는 것을 감독하고, 동물들을 가르치며 관리했다. 우연한 기회에 동물들의 반란은 성공했고, 인간들이 다시 무장을 해서 돌아왔어도 그들을 물리칠 수 있었다. 하지만 이렇게 평화롭게 사는 것도 오래가지 못했다. 풍차 건설을 계기로 동물 간 권력 투쟁이 시작되었다. 스노볼은 인간과 교류하는 것이 발각되었다며 추방되었다. 그 뒤 나폴레옹이 우두머리가 되어 7계명과 농장의 규칙을 모두 돼지들에게 유리한 쪽으로 바꾸고, 반감이 있어 보이는 동물들은 9마리의 개를 앞세워 처리했다. 점점 돼지들은 자신들이 비판했던 인간과 구별할 수 없을 정도로 변하고, 동물농장은 주인만 바뀐 예전의 모습으로 돌아갔다. "네 발은 좋고 두 발은 나쁘다"가 "네 발은 좋고 두 발은 더욱 좋다"로, "모든 동물은 평등하다"가 "모든 동물은 평등하다. 그러나 어떤 동물은 더욱 평등하다"로 바뀐다.

이 책은 단순한 동물 이야기가 아니었다. 나폴레옹의 욕심으로 인해 평등했던 농장에 계급과 서열이 생겼다. 나폴레옹은 자신을 '지도자'라고 강제적으로 각인시키고, '옛 주인 존즈와 다시 함께 살고 싶냐'는 질문 하나로 모든 불평을 통제했다. 또한 동물들이 스스로 행복하게 살아간다고 생각하게 만들었다. 힘들고 고된 노동과 늘어나는 작업량, 그리고 적어지는 식량을 배급받고도 다 자신들을 위한 일이라고 생각하는 동물들이 안쓰러웠다. 무지한 다른 동물들이 아무것도 모른 채 복종해야 한다는 사실이 안타까웠다.

이런 것을 보면 나폴레옹은 좋은 지도자가 아니었다. 차라리 스노볼이 지도자였다면 모든 동물이 평등하다는 규칙을 잘 지킬 수 있었으리라는 생각이 들었다. 존즈를 몰아냈기 때문에 동물들은 그들이 원하던 평등한 사회를 만들 수도 있었지만, 지도자의 욕심이 모든 것을 되돌려놓았다. 평등한 사회를 지켜가려면 자신의 욕심보다 모두의 평등을 중요하게 생각하는 지도자가 필요하다는 생각이 들었다. 그리고 좋은 지도자를 선택하고, 지도자가 잘못했을 때 그것을 지적하고 함께 고쳐나가 평등한 사회를 만드는 사람들의 능력도 필요하다고 생각했다.

처음부터 존즈가 동물들을 평등하게 대했으면 모두 행복했을 것 같다. 또 동물들이 반란을 일으킨 뒤에 나폴레옹이 욕심을 부리지 않거나 다른 동물들이 나폴레옹이 욕심을 부리지 못하게만 했어도 동물농장은 행복했을 것 같다. 평등하고 행복하게 살기 위해서 동물들을 차별하지 않아야겠다. 그리고 열심히 공부해서 똑똑한 사람이 되어야겠다.

2) 2016년 강남구 인문독서 논술공모전 우수상 수상작
(참가 당시 중학교 2학년)

주제 도서 : 『갈매기의 꿈』

많은 사람은 대부분 '다른 것'을 거부하고 옆 사람과 비슷하게 살아간다. 사회에서 규정된 전통이나 관습에 따른 '평범함'을 기준 삼아 산다. 사회에서 남들과 같아야 한다며 학습된 선입견 때문에 사람들은 '다른' 방식으로 사는 사람들을 보면, 그것을 '틀린' 것으로 본다. 하지만 『갈매기의 꿈』에서 조나단은 주위 시선을 아랑곳하지 않고 꿋꿋이 다른 평범한 갈매기들이 생각조차 해보지 않는 것을 시도한다.

먼저 평범한 갈매기들은 먹이를 많이 먹는 것을 목적으로 날지만 조나단은 자신의 한계를 찾기 위해 날았다. 자신이 무엇을 할 수 있는지, 무엇을 할 수 없는지 알고 싶어 했다. 다른 갈매기들과는 달리 '꿈'이 있었다. 처음에는 다른 갈매기들처럼 날지 못해 무시를 당했지만, 피나는 노력과 연구를 통해 점점 다른 갈매기들보다 더 빠르고 높이 날게 되고, 여러 기술을 사용하여 나는 갈매기가 되었다. 나였으면 주위의 따가운 시선과 무시, 놀림에 상처를 받아 조금 하다가 바로 포기했을지도 모른다. 조나단도 거듭된 실패로 인해 잠시 평범한 갈매기가 되어야겠다고 생각했지만, 결국 그러한 시선을 이겨내고 더 잘 날아가는 방법을 찾게 되었다.

또한 이러한 과정에서 조나단의 피나는 노력과 연구는 정말 대단했다. 더 높이 날고, 더 빨리 날기 위한 노력으로 결국엔 자신이 생각하는 한계의 속도와 높이에 도달했다. 그러자 자신보다 더 잘 나는 갈매기들을 만나고, 그들과 함께 자신이 살던 세계와는 다른 곳으로 가게 된다. 그리고 그곳에서 한계가 없는 자유를 알게 된다. 드디어 자신이 꿈에 다다른 것이다.

역시 '높이 나는 새가 멀리 본다.' 자신의 꿈을 이룬 가치는 그동안의 고통스러운 노력을 충분히 보상해주는 것이다. 또 그만큼 노력했기 그 때문에 그 꿈이 더 가치 있게 된다. 갑자기 부끄럽다는 생각이 들었다. 최근의 나는 보통의 중학교 2학년 학생 중 한 명에 불과했다. 남들이 하는 대로 등교하고 학원을 다녔지만 내가 진정 무엇을 원하는지, 나만의 꿈에 대해 생각을 깊게 해보지 못했던 것 같다. 그 때문에 꿈을 위한 노력도 게을리할 수밖에 없었다.

우리 반에는 나와는 '다른' 친구가 한 명 있다. 다른 친구들은 의무적으로 공부할 때, 작곡하는 것을 좋아하는 내 친구는 공부보다는 음악에 더 많은 시간을 보낸다. 남들은 그 친구를 특이하다고 하고 왜 하라는 공부는 안 하고 아무도 하지 않는 작곡을 하냐고 한다. 하지만 그 친구는 자기 목표가 뚜렷해 남들의 불편한 시선에도 불구하고 자신의 꿈을 이루기 위해 노력한다. 그 친구는 이미 작곡가라는 꿈이 있고, 남이 뭐라 해도 흔들리지 않는 주관이 있다. 그리고 꿈을 위해 매일 노력을 기울인다. 때문에 그 친구는 나이에 비해 수준 있는 노래를 만들 줄 알게 됐다. 음악에 대한 지식과 가치관을 풍부하고 뚜렷하게 만들었다.

조나단과 그 친구의 공통점을 생각해보니 주변의 평판이나 학습된 선입견 때문에 내 꿈에 대해 스스로 한계를 짓고 그로 인해 진지한 고민 없이 수동적으로 살았던 것은 아닌지 되돌아보게 되었다. 그리고 조나단과 그 친구의 주관 있는 행동과 열정적인 노력은 스스로 선택한 확고한 꿈이 가져다준 선물이라고 생각했다.

한편 『갈매기의 꿈』 뒷부분을 읽다 불현듯 『소라고둥 공화국』이라는 책이 생각났다. 이 소설의 주인공은 꿈을 향해 열심히 노력해 수준 높은 동시통역사가 됐다. 남들이 보기엔 완벽한 삶을 살게 되었다. 하지만 성공의 과정에서 사랑하는 사람들, 친구들, 가족들을 모두 잃는다. 성공하긴 했지만 행복하지는 못했고, 한순간에 허무한 감정을 느낀다. 혹시 조나단도 성공에만 눈이 어두워 주변을 돌아보지 못하고 성공은 했지만 행복하고는 멀어지면 어쩌나 걱정이 되었다. 하지만 내 걱정과는 달리 조나단은 자신의 땅으로 돌아가 진실을 찾고 싶어 하는 갈매기들에게 진실을 알려주는 일을 한다. 다른 갈매기들이 그를 따르며 신이라고 하자 자신은 다른 갈매기와 같은 '평범한' 갈매기라고 한다. 겸손한 조나단은 자신의 성공을 다른 갈매기들과 나누며 성공과 더불어 행복하고 가치 있는 삶을 살아간다.

조나단은 배우는 데 용감하고, 포기 없는 강한 열정과 함께 자신의 꿈을 실현하려 했기에 남들과 다른 삶을 살았던 것 같다. 꿈을 실현하려는 의지가 강하다면, 누가 뭐래도 아랑곳하지 않고 비로소 '되고 싶은 나'가 될 수 있을 같다. 이 책을 계기로 남의 평가보다는 내 의지로 내가 진정 원하는 것이 무엇인지 좀 더 진지하게 생각해보고 내가 원하는 삶을 살 수 있도록 더 강한 의지와 열정을 가지고 노력해야겠다고 생각했다. 그리고 궁극적으로 꿈과 행복이 조화를 이룰 수 있게 하겠다고 다짐했다.

3) 2017년 강남구 인문독서 논술공모전 최우수상 수상작
(참가 당시 중학교 3학년)

주제 도서 : 『철학, 과학기술에 말을 걸다』

어릴 때 한 번쯤은 생각해본 '무인 자동차', '방수 핸드폰'이 현실이 됐다. 과학의 급속한 발전과 함께 실현된 것이다. 최근에는 인공지능 '알파고'의 등장과 함께 4차 산업혁명 시대가 열렸다. 세계경제포럼에 의하면 4차 산업혁명이란 3차 산업혁명을 기반으로 한 디지털과 바이오산업, 물리학 등의 경계를 융합하는 기술혁명이다. 어떤 성장에든 항상 빛과 그림자가 따르기 마련이다. 과학기술도 우리의 삶을 화려하게, 또 편리하게 해주었지만, 반대로 윤리에 의거한 딜레마나 빠른 성장으로 인한 불안감을 형성했다.

『철학, 과학기술에 말을 걸다』는 철학과 연관시킬 수 있는 각각 다른 7개의 과학 분야를 다룬다. 그중 요즘 한창 발전 중인 로봇 기술 이야기가 있었다. 분명 몇 년 전까지만 해도 계단을 오르내리고 가위바위보를 하는 안드로이드가 나왔다고 좋아했는데, 이제는 바둑이라는 고차원적 게임에서도 인간을 이겨버리는 인공지능이 나왔다. 이렇게 '인간' 존재의 고유 영역까지 로봇에게 점점 빼앗기기 시작하면서, 최근 로봇이 담당할 수 있는 역할, 로봇의 지위 설정에 대한 전 세계적 공론화가 시도되고 있다.

개인적으로, 로봇이 인간과 동등한 관계여서는 안 된다고 생각한다. 지금도 이미 일부 사람들은 핸드폰의 노예가 됐다. 손안에 들어오는 작은 기계에도 지배되어 다양한 사선사고가 일어나는데, 더욱더 발전한 로봇이나 인공지능에게 지배되었을 때 얼마나 큰 피해가 올지 염려된다. 특히 로봇 기술이 '감정'을 갖는 영역까지 발전할 수 있다고 한다. 나는 로봇을 개발한다고 해도 감정까지 갖게 해선 안 된다고 본다. 책에서 지적한 대로, 로봇이 감정까지 갖게 되면 로봇과 인간은 동등한 인격체가 되어야 하고, 사회 제반 영역에 '로봇의 권리'와 결부된 다양한 문제가 발생하기 때문이다.

책에서는 또, 로봇과 인간이 친구가 될 수 있는지에 대한 질문이 나온다. 미래에 로봇이 '친구'로 기능할 수 있기 때문에, 그에 대한 인문학적 고민이 필요하다는 것이다. 나는 이에 대해 부정적이다. 책에서는 친구라는 것을 '즐거움을 느낄 수 있게 하는 존재'라 정의한다. 나는 다르게 생각한다. 친구란 자고로 함께 웃고 함께 우는 등 '함께' 희로애락을 느낄 수 있는 존재다. 서로 고민을 말하고 들어주는 데 그치지 않고 그에 맞는 해결책까지 제시해줄 수 있어야 친구라고 본다. 하지만 로봇은 그럴 수 없다. 인간이 로봇을 통해 즐거움을 느낀다고 해도 일방적으로 느끼는 즐거움에 불과하다. 로봇이 여전히 감정을 갖지 못하고, 갖게 되더라도 인공적으로 부여된 감정일 것이기에 진정한 '친구'로서 상호작용할 수 없으리라 다.

로봇이 보모로 적절하다고 생각지도 않는다. 보모는 '부모님'을 대신해 자리를 지켜주는 존재다. 적어도 청소년이 되기 전에는 '사랑'받는 것이 당연하다고 생각한다. 하지만 그 '사랑'이 곁에 있어주고 놀아준다고 해서 생긴다고 생각하지는 않는다. 흔히 말하는 보살핌과 애정이 있어야 하고, 안정적인 애착을 형성하기 위해 신체 접촉과 함께 눈 마주침, 보살핌, 대화가 함께 필요하며, 연속적인 상호교류가 필요하다. 로봇이 아무리 발전하더라도, 인간 사이에 형성될 수 있는 복합적인 감정교류를 충족할 수 없다.

로봇이 점점 발전하면서 보모 로봇, 휴머노이드 이외에도 목적이 다른 다양한 로봇을 개발하고 있다. 그중 전쟁 기술을 결합한 전투 로봇도 개발 중이다. 전쟁은 잔혹하며 남을 이겨서 빼앗는 데 의의를 둔다. 더 많은 기술력을 전투 로봇에 쏟아붓는다고 할지라도, 인명피해는 줄일 수 있어도 더 심한 자원파괴로 이어질 수 있다. 사실 인명피해도 줄인다고 할 수도 없다. 군인들을 더 살리는 것이지 민간인들에게 갈 피해는 알 수 없기 때문이다. 따라서 우리는 로봇 기술 발전에 항상 경계심을 가져야 한다.

책에서 로봇이 인간을 해쳐도 되는지를 묻는다. 답은 단연 'NO'다. 상술했듯이, 로봇이 인간과 동등하거나 인간을 능가하는 능력을 소유하게 되어 인간에게 피해를 주는 존재가 되어서는 안 된다. 인간을 편하게 해주기 위해 만든 로봇이 인간을 해친다면, 그것은 이미 목적을 넘어서는 일이 되기 때문이다. 로봇이란 존재를 만들었으면, 그것은 만든 동기가 끝까지 지켜져야 한다.

한국은 짧은 시간에 많은 발전을 이룬 국가다. 이 기세를 몰아 경제를 성장시키는 것은 좋다. 하지만 무엇을 하던 선행적으로 가치판단에 대한 공론화 과정을 거친 후에, 그것이 오히려 피해를 주지는 않을지 생각해봐야 한다. 특히 로봇의 경우, 로봇 기술 발전의 허용 범위를 엄격히 설정하고, 인간

의 편의에 맞는 수준에서 개발이 허용돼야, 선을 넘지 않는 균형 있는 발전
이 가능하다고 생각한다.

4) 2018년 강남구 인문독서 논술공모전 강남구청장상 수상작
(참가 당시 고등학교 1학년)

주제 도서: 『생태 민주주의』

봄에는 숨을 쉬기 힘들 정도로 심한 황사가, 여름에는 극심한 폭염이, 겨울에는 혹한이 한반도를 찾아오고 있다. 환경 파괴는 이미 더는 무시할 수 없을 정도로 우리 모두에게 닥친 현실의 문제가 되었다. 책을 읽기 전까지만 해도 환경 파괴는 인간의 본성인 탐욕에서 비롯되었기 때문에 극복하기 힘들 것이라는 부정적인 생각이 있었다. 하지만 책을 읽으며 생태 민주주의의 취지에 맞게 법과 제도를 만들고 잘 활용한다면, 인간의 탐욕을 극복하고 기존의 인간 중심 제도로 인한 생태계와 환경 파괴를 충분히 극복해갈 수 있으리라 생각했다.

이 책은 새로운 정치 형태인 '생태 민주주의'를 제시한다. 생태 민주주의는 현재 실행되는 민주주의의 문제를 고쳐 자연과 인간을 하나로 보고 함께 잘 사는 세상을 만들자는 생각이고 실천이다. 민주주의는 오랜 역사에서 가장 이상적인 정치 형태로 인정받았지만, 국민국가의 틀에 갇혀 있다는 한계가 있다. 이 땅에 사는 사람들만 민주주의에 참여할 수 있기에 지구의 문제를 해결하기 힘든 것이다. 근대국가 이후에 만들어진 각종 제도도 기본적으로

인간 외의 생물을 구성원으로 상정하지 않는다. 이를 극복해 환경 문제를 해결할 수 있는 대안이 생태 민주주의다.

신고리 원전 사례에서 도입한 숙의민주주의는 이런 제도의 문제를 시정할 수 있는 하나의 기회였다. 그러나 그 과정에서 지역주민, 미래세대뿐만 아니라 환경과 생태가 제대로 고려되지 않았다는 문제점이 있었다. 숙의과정을 지배한 것은 환경과 생태, 그리고 실질적으로 피해를 보는 주민들이나 미래세대가 아니라 경제성과 효율성이라는, 다분히 인간중심적인 가치였다. 생태 민주주의의 가치를 반영하지 못한 숙의민주주의는 결국 원전 공사 재개라는 결론을 내고 말았다.

환경 문제를 해결하려면, 결국 기존의 제도가 생태의 가치를 반영할 수 있도록 제도를 변경하는 시도가 필요하다. 오랫동안 사람들은 일회용기 사용을 줄이자는 각종 캠페인을 벌이고 교육을 해왔지만, 실질적으로 바뀌는 것은 없었다. 하지만 최근 정부에서 자원재활용법을 만들어 매장 내 일회용 컵 사용을 규제하자 눈에 띄게 일회용기 사용이 줄어들었다. 이처럼 생태의 가치를 반영한 새로운 제도를 만드는 시도를 통해 세상을 바꿔갈 수 있다.

숙의민주주의 공론화 장치도 수정이 필요하다. 먼저 숙의 이전의 작업을 명확히 해야 한다. 중립성을 내세워 숙의의 대상을 특정 집단으로 규정해서는 안 된다. 사회경제적 약자나 미래세대, 생태적 입장의 목소리에도 귀 기울여야 한다. 그리고 다양한 시민사회 집단의 장기적 토론을 거쳐야 한다. 이를 통해 정부가 아닌 시들이 중심이 되어 공론화 의제를 설정하고 투표할 수 있도록 숙의민주주의 제도를 제대로 만들어가야 한다.

계속해서 악화되는 환경은 현세대뿐 아니라 미래 세대, 나아가 지구 생태계 전체의 생존을 위협한다. 그 때문에 먼 미래에 살 누군가의 일이 아니라, 생태계에서 숨 쉬고 살아가는 우리 모두에게 현재 닥친 과제임을 명확하게 인식해야 한다. 그리고 인간중심적으로 설계된 제도들을, 그 제도에 담긴 탐욕과 욕심과 이기성을 시정해가는 등 이제는 제도의 인간 중심성을 극복하기 위한 노력을 해나가야 할 때다. 나아가 나부터 환경 개선에 대해 긍정적인 생각을 갖겠다. 환경 문제가 발생했을 때 제도 개선에 관심을 두고 나의 목소리를 반영할 수 있도록 노력하겠다.

부록
2

시카고 플랜
인문학 리스트

1단계

no.	서명	저자	no.	서명	저자
1	미합중국독립선언서		9	멕베스	셰익스피어
2	소크라테스의 변명 크리톤	플라톤	10	자유	밀턴
3	안티고네	소포클래스	11	국부론	스미드
4	정치학	아리스토텔레스	12	미합중국헌법	패더랠리스트
5	영웅전	플루타크	13	미국의 민주주의	토크빌
6	마태복음	성경, 신약	14	공산당선언	마르크스 엥겔스
7	인생담(발췌)	에픽테투스	15	마르크스, 엥겔스	소로우
8	군주론	마키아벨리	16	이반 일리치의 죽음	톨스토이

2단계

no.	서명	저자	no.	서명	저자
17	전도서	구약	25	방법서설	데카르트
18	오딧세이	호머	26	리바이어던	홉스
19	오이디프스 왕	소포클레스	27	팡세	파스칼
	오이디푸스	콜로누스			
20	메논	플라톤	28	걸리버 여행기	스위프트
21	니코마스 윤리학	아리스토텔레스	29	인간불평등기원론	루소
22	우주론	루크레티우스	30	영원한 평화를 위하여	칸트
23	고백	아우구스티누스	31	자유론	밀
24	햄릿	셰익스피어	32	허클베리 핀의 모험	트웨인

3단계

no.	서명	저자	no.	서명	저자
33	구약	욥기	41	리어왕	셰익스피어
34	오레스티아, 3부작	아이스킬로스	42	대혁신	베이컨
35	펠로포네소스 전쟁의 역사	투키디데스	43	정치론	로크
36	향연	플라톤	44	깡디드	볼테르
37	정치학	아리스토텔레스	45	사회계약론	루소
38	신학대전 중 '법률론'	토마스 아퀴나스	46	로마제국 쇠망사 (15~16장)	기반
39	가르강뛰아와 팡타그뤼엘	라블레	47	카라마조프 가의 형제들	도스토에프스키
40	그리스도교 강요	칼빈	48	정신분석의 기원과 발달	프로이드

4단계

no.	서명	저자	no.	서명	저자
49	논어	공자	57	신학대전 중 '진실과 허위에 대하여' 발췌	토마스 아퀴나스
50	국가	플라톤	58	수상록	몽떼뉴
51	여인의 평화, 구름	아리스토파네스	59	템페스트	셰익스피어
52	시학	아리스토텔레스	60	인간오성론	로크
53	기하학제요	유클리드	61	실락원	밀튼
54	자성록	마르쿠스 아우렐리우스	62	오성론	흄
55	절대회의설 제1권	엠페이리코스	63	선악의 피안	니이체
56	니벨룽겐의 노래		64	실용주의	제임스

5단계

no.	서명	저자	no.	서명	저자
65	메디아, 히폴리투스, 트로이아의 여자	유리피데스	73	인간의 존엄에 대하여	미란드라
66	테아이테투스	플라톤	74	인지원리론	버클리
67	물리학 발췌	아리스토텔레스	75	자연철학의 수학적 원리	뉴턴
68	아에네이드	베르길리우스	76	새뮤얼 존슨 전	보스웰
69	작은 꽃	성 프랑시스	77	프롤레고메나	칸트
70	신학대전 중 '인간론' 발췌	토마스 아퀴나스	78	일기	울먼
71	신곡 중 '지옥편' '연옥편'	단테	79	백경	멜빌
72	신곡 중 '천국편'	단테	80	상대성이론	아인슈타인

6단계

no.	서명	저자	no.	서명	저자
81	사슬에 묶인 프로메테우스	아이스킬로스	89	돈 키호테 제1부	세르반테스
82	파이드로스	플라톤	90	윤리학 제1부	스피노자
83	형이상학 제7권	아리스토텔레스	91	자연종교에 대하여	흄
84	숭고성에 대하여	롱기노스	92	철학사전 발췌	볼테르
85	자연과 성총에 대하여, 성총과 자유 의지에 대하여	아우구스티누스	93	역사철학 발췌	헤겔
86	신학대전 중 '신에 대하여'	토마스 아퀴나스	94	종의 기원 발췌	다윈
87	캔터베리 이야기 발췌	초서	95	빌리 버드	멜빌
88	리차드 2세	셰익스피어	96	나사의 회전	제임스

7단계

no.	서명	저자	no.	서명	저자
97	고르기아스	플라톤	105	도덕철학 [실천이성비판]	칸트
98	영혼에 대하여	아리스토텔레스	106	파우스트	괴테
99	바가바드기타	마하바라타	107	의지와 표상으로서의 세계	쇼펜하우어
100	철학의 위안	보에티우스	108	철학적 단편 후서	키에르케고르
101	방황하는 자를 위한 지침	마이모니데스	109	죽음의 집의 기록	도스토옙스키
102	시집	존 던	110	어둠의 속	콘라드
103	존 던	몰리에르	111	꿈의 해석	프로이트
104	형이상학	라이프니츠	112	인간과 초인	조지 버나드 쇼

8단계

no.	서명	저자	no.	서명	저자
113	섬, 평화	아리스토파네스	121	영혼의 목마름	데카르트
114	파이돈	플라톤	122	투우사 샘슨	밀턴
115	물리학 제2권	아리스토텔레스	123	인간의 사명	피히테
116	로마서, 고린도 전서	신약	124	돈 주안, 칸토스 1-4	바이런
117	천부의 기능 1 및 3	가레노스	125	공리론	J. S. 밀
118	헨리 4세, 1	셰익스피어	126	도덕의 계보	니체
119	헨리 4세, 2	셰익스피어	127	헨리 아담스의 교육	헨리 아담스
120	혈액 순환의 원리	하비	128	시, 14편	예이츠

9단계

no.	서명	저자	no.	서명	저자
129	일리아드	호머	137	페드라	라신
130	역사, 8~9	헤로도투스	138	신과학	비코
131	소피스트	플라톤	139	고리오 영감	발자크
132	분석론	아리스토텔레스	140	자본론 발췌	마르크스
133	연대기	타키투스	141	물오리	입센
134	엔네아데스	플로티노스	142	심리학	제임스
135	가라테아서 평석, 발췌	루터	143	악의 꽃	보들레르
136	신과학대화	갈릴레오	144	과학과 가설, 4~5장	포앙카레

아이들에게 꿈과 진로를 찾아주는

꼬리 물기 독서법

글 | 유순덕

책임편집 | 남은영
편집 | 안혜진 이희진
디자인 | 정미영
마케팅 | 김종선 이진목 홍수경
경영관리 | 서민주

인쇄 | 금강인쇄

초판 1쇄 | 2020년 1월 6일
초판 3쇄 | 2020년 3월 20일

펴낸이 | 이진희
펴낸곳 | (주)리스컴

주소 | 서울시 강남구 밤고개로1길 10 현대벤처빌 1427호
전화번호 | 대표번호 02-540-5192
　　　　　영업부 02-540-5193
　　　　　편집부 02-544-5922, 5933, 5944
FAX | 02-540-5194
등록번호 | 제2-3348

ISBN 979-11-5616-177-6 03370
책값은 뒤표지에 있습니다.

유익한 정보와 다양한 이벤트가 있는
리스컴 블로그로 놀러 오세요!

홈페이지 www.leescom.com
블로그 blog.naver.com/leescomm
인스타그램 instagram.com/leescom

Image©miniwide, 2019 Used under license from Shutterstock.com